[新版]

弁護士が教える

実は危ない契約書

実践的リーガルチェックのすすめ

弁護士 櫻井喜久司 著

清文社

改訂にあたって

　本書は、実践的な契約書リーガルチェックの入門書として平成29年に出版されました。「契約書は紛争予防、紛争回避、紛争解決のために作成する」という視点を重視して契約書リーガルチェックの必須ポイントを解説した本書は、予想を超える好評を博して増刷を重ね、多くの読者の皆様に支持していただきました。本書は「はじめに」で述べているように、当初は中小企業の皆様を主な読者層として想定していましたが、実際には多くの大企業の総務部、法務部の方々、実務家の方々にも愛読していただきました。読者の皆様に心から感謝いたします。

　ところで、ご存知のとおり、民法(債権法)が大改正され、令和2年(2020年)4月1日に施行されます。そのため、本書の内容も民法改正に合わせて加筆修正する必要が生じました。

　そこで、この機会に改訂版を出版することにしました。改訂版の主な注目ポイントは次の3点です。

①民法改正に対応

　民法改正に対応した内容に加筆修正しました。条文表記は、民法改正により条文番号を変更する必要がある場合は「改正民法〇条」として改正されたことがわかるようにし、条文番号が従前のままでも意味の通じる場合は「民法〇条」としました。

②基礎導入編の追加

　私は、本書をテキストにしたセミナー、研修会の講師を月2回のペースで担当しています。その際、本書の内容を解説する前に、本書に記載していない基礎導入編として、契約書リーガルチェックのバックボーンとなるべき視点、切り口等を話しています。改訂版では、この基礎導入編の内容を追加しました(「序章」を大幅に加筆しました)。

③トレーニング編の追加

　本書では、リーガルチェックの必須ポイントをわかりやすく解説することがメイン

テーマです。そのため、本書の必須ポイントが実際の契約書にどのように適用されるのか、どのように活用すべきか、という点については読者の皆様の日常業務での努力に委ねざるをえません。しかし、少しでも読者の皆様のサポートをさせていただこうと思い、本書の必須ポイントが具体的な契約書にどのように適用されるのか、どのようにリーガルチェックをするのかを実体験していただくために、改訂版ではトレーニング編を追加しました（第4章「契約書リーガルチェックのトレーニング」参照）。

　今回の改訂によって、本書はさらに読者の皆様にとってわかりやすく利用しやすいものになったと確信しています。改訂版が読者の皆様のお役に立つことができれば、望外の喜びです。
　最後に、改訂版刊行のために多大なるご尽力を頂戴した株式会社清文社の杉山七恵氏に心から御礼申し上げます。

　令和元年12月

弁護士　櫻井 喜久司

はじめに

　本書は、中小企業の皆様が契約を締結する場合に「このままでは危ない！　これだけは絶対に注意して欲しい！」という必須チェックポイントをわかりやすく解説した、契約書を実践的にリーガルチェックするための入門書です。

　契約書というと、書式集の雛形やネット上のサンプルを、何の疑問も抱かずにそのまま利用しているケースや、取引相手から提示された契約書（案）について何のリスク分析もしないで調印しているケースが実に多く見受けられます。しかし、取引実態とズレた契約書、記載内容が不明瞭な契約書、自分に不利な契約書等は、後日の紛争の原因となります。これでは、何のために契約書を作成したのかわかりません。

　契約は、原則として口頭でも成立します。しかし、口約束だと後日、「言った、言わない」という水掛け論となり紛争の原因となってしまいます。そこで、これを予防、回避するために契約書を作成するのです。さらに、万一紛争となった場合に備えて解決指針まで契約書に記載しておけば紛争の激化を防止することも可能です。

　このように、契約書は実務上、紛争予防のため、紛争回避のため、そして紛争解決のために作成するものなのです。契約成立の思い出や記念として作成するものではないのです。

　私は、契約書のリーガルチェックの相談（監修、作成等）を年間100件以上受けておりますが、多くの契約書が同じような箇所で同じような間違いをしていることに驚いています。そこで、日常的に弁護士に相談する機会の少ない中小企業の皆様を念頭に置いて、私の経験に基づくノウハウを開陳しようと思い本書を執筆した次第です。

　本書は、契約書に調印する場合に、「必ずこれだけはチェックして欲しい！　これをチェックしておけば大怪我はしない！」という実務上の必須チェックポイントを解説するとともに、私の経験に基づく実践的かつ戦略的なアドバイスも盛り込んでいるので、中小企業の皆様だけでなく、大企業の法務部の方、実務家の方にとっても大いに参考になるものと確信しております。本書が読者の皆様にとって少しでもお役に立つことができれば、望外の幸せです。

　最後に、本書刊行のために多大なるご尽力を頂戴した株式会社清文社の折原

容子氏に厚く御礼申し上げます。

平成29年1月

弁護士　櫻井　喜久司

序章
契約書チェックの秘訣

1 紛争予防・紛争回避・紛争解決のために！ ……… 2
1 契約書は何のために作成するのか？
2 リーガルチェックはなぜ大切なのか？

2 リーガルチェックはこの順序でやる！ ……… 9
1 まずは条文を理解せよ！
2 有利不利を見極める！
3 将来の紛争発生を回避する！

3 契約書の柱は四つしかない！ ……… 11
1 契約書のチェックは難行苦行！
2 条文の軽重を意識すべし！
3 条文の読み方の秘訣
4 契約書の柱は四つ！

実践的アドバイス1　管轄の合意は規定したほうが得！ ……… 16
実践的アドバイス2　「コピペ」にご用心！ ……… 17

第1章
当事者に関するチェックポイント
（誰と誰の契約なのか！）

1 当事者が正確に表示されているか（当事者名の簡略化） ……… 20
1 契約当事者の表示は正確に！
2 長い名称を簡略化する場合の注意点

2 当事者が正確に表示されているか（「株式会社」の省略） ……… 24
1 契約当事者の表示は正確に！
2 「株式会社」等法人を表す文言を省略した場合

3 当事者が正確に表示されているか（屋号の記載） ……… 27
1 契約当事者の表示は正確に！
2 屋号で当事者を表記する場合

| 4 | 当事者の署名捺印はあるか（署名捺印欄の空欄） ─── 30
　　1　当事者の署名捺印は合意成立の決定的証拠！
　　2　合意に達しているが契約書の署名捺印がないケース

| 5 | 当事者の署名捺印はあるか（記名あり捺印なし） ─── 33
　　1　当事者の署名捺印は合意成立の決定的証拠！
　　2　契約書に氏名が印字されているが捺印がないケース

| 6 | 署名捺印した者に権限はあるか（代理人の場合） ─── 36
　　1　署名捺印は契約当事者本人がするのが原則！
　　2　代理人による署名捺印の場合

| 7 | 署名捺印した者に権限はあるか（法人の場合） ─── 40
　　1　署名捺印は契約当事者本人がするのが原則！
　　2　株式会社の署名捺印の場合

| 8 | 連帯保証人の署名捺印はあるか ─── 44
　　1　署名捺印は契約当事者本人がするのが原則！
　　2　連帯保証契約の場合

| 9 | 署名捺印しない者に債務を負わせる条項になっていないか ─── 49
　　1　署名捺印は契約当事者本人がするのが原則！
　　2　署名捺印しない者に債務を負わせる条項は紛争の原因になる！

|10| 変更契約の当事者は元の契約の当事者全員になっているか ─── 53
　　1　署名捺印は契約当事者本人がするのが原則！
　　2　契約変更は当事者全員で！
　　3　ケース研究の分析

　　　実践的アドバイス3　捺印は実印でなければダメか？ ─── 39
　　　実践的アドバイス4　前文には長文型と短文型がある！ ─── 52

第2章
表現、形式に関するチェックポイント
（細部と侮ることなかれ！）

|11| 表題（タイトル）と契約内容は合致しているか ─── 60
　　1　契約書の表題は正確に書くべし！
　　2　契約内容に合った表題を（ケース研究）

| 12 | 前文に契約内容の骨子が記載されているか ———— 64
　　1　前文の意味
　　2　前文の構成

| 13 | 契約締結の日付欄は空欄になっていないか ———— 67
　　1　契約書の日付欄の意味
　　2　日付欄が空欄の場合の危険性

| 14 | 引用する別契約は特定されているか
　　（複数の別契約が同時に存在する場合）———— 70
　　1　別の契約を引用するときは特定する！
　　2　特定が不十分となる原因とその対策

| 15 | 引用する別契約は特定されているか
　　（複数の別契約が同時に、かつ異なる時点にも存在する場合）———— 74
　　1　別の契約を引用するときは特定する！
　　2　特定が不十分となる原因とその対策

| 16 | 主語は明記されているか ———— 78
　　1　主語は明記せよ！
　　2　主語を省略すると紛争の火種となる！

| 17 | 「甲および乙」と「甲または乙」は区別されているか ———— 83
　　1　「甲および乙」と「甲または乙」は区別する！
　　2　区別しないと紛争の火種となる！

| 18 | 用語は統一して使用されているか ———— 86
　　1　同じ意味の用語は用語を統一して使用する！
　　2　用語を統一しないと紛争の火種となる！

| 19 | 用語の意味は確定しているか（曖昧な用語を使用していないか）———— 89
　　1　用語の意味は確定すべし！
　　2　曖昧な用語は紛争の火種となる！
　　3　曖昧な用語は使用せずに別の言葉でいい換える！

| 20 | 業界用語、専門用語を安易に使用していないか ———— 93
　　1　用語の意味は確定すべし！
　　2　業界用語、専門用語は紛争の火種となる！

| 21 | 法律用語は正確に使用されているか ———— 96
　　1　法律用語は正確に使用すべし！
　　2　法律用語は紛争の火種となる！

| 22 | 略語は適切に使用されているか ———— 100
　　1　略語は便利！
　　2　略語を適切に使用しないと紛争の火種となる！

| 23 | 別紙は添付されているか ──── 104
　　1　別紙は活用すべし！
　　2　別紙を利用する場合の注意点！

| 24 | 別紙のタイトルと条文本文の引用部分は合致しているか ──── 108
　　1　別紙は活用すべし！
　　2　別紙のタイトルと条文本文の引用部分との合致の必要性

| 25 | 不動産の表示は特定されているか ──── 111
　　1　不動産の表示は特定すべし！
　　2　不動産を特定する際の注意点

| 26 | 安易に「協議する」と規定されていないか ──── 114
　　1「協議」条項は危険が大きい！
　　2「協議」条項を定める場合の注意点

| 27 |「協議して解除する」は「解除する」と同じか ──── 118
　　1「協議」条項は危険が大きい！
　　2「協議して解除する」条項の問題点

| 28 |「ものとする」という表現を安易に使用していないか ──── 121
　　1「ものとする」条項は危険が大きい！
　　2「ものとする」条項の問題点

| 29 | 無意味な空白、空欄はないか ──── 124
　　1　無意味な空白、空欄が生じる理由！
　　2　空白、空欄の危険性！

| 30 | 条文間に矛盾はないか ──── 127
　　1　条文間の矛盾に注意！
　　2　ケース研究の検討

　実践的アドバイス5　当事者双方が主語となるはずなのに
　　　　　　　　　　一方当事者だけが主語となっている場合は要注意！ ──── 81
　実践的アドバイス6　個人商店が大企業の契約書の書式を使うのは危険！ ──── 92
　実践的アドバイス7　「定型書式の契約書だから修正できない」といわれた場合の修正方法！ ──── 99
　実践的アドバイス8　「契約」と「契約書」の違い！ ──── 107
　実践的アドバイス9　口頭の承諾は紛争の原因！ ──── 117
　実践的アドバイス10　契約書チェックの軽視は禁物！ ──── 132

第3章
頻出条項に関するチェックポイント
(これをミスすると大変!)

契約期間に関する条項

31 契約期間は明記されているか ── 134
1　契約期間を明記しないと危険!
2　契約期間を明記する場合の注意点

32 契約期間の更新条項はあるか ── 137
1　更新条項がないと面倒で煩雑なことになる!
2　更新条項を規定する場合の注意点!

33 契約期間途中の解約条項が規定されているか ── 140
1　契約期間途中で契約関係を解消する方法
2　途中解約条項を規定する必要性!
3　乙の立場から見た途中解約条項の検討!

金銭支払に関する条項

34 金銭の支払方法は明記されているか ── 150
1　金銭の支払方法について明記することの重要性
2　金銭の支払方法に関する注意点

35 送金手数料を誰が負担するのか明記されているか ── 153
1　送金手数料を誰が負担するかを明記することの重要性
2　送金手数料負担条項の記載例

36 金銭支払について支払期限が明記されているか ── 157
1　金銭支払について支払期限を定めることの重要性
2　支払期限を明記しない場合の危険性

37 金銭の分割払いの場合に期限の利益喪失条項の規定があるか ── 161
1　期限の利益の喪失
2　分割払いにおいて期限の利益喪失条項の規定がない場合
3　甲乙の有利不利

契約終了に関する条項

|38| 契約の終了原因は規定されているか ── 168
1 契約の終了原因
2 契約終了原因を契約書に定める必要性
3 契約終了原因を契約書に定める場合の注意点

|39| 解除条項の解除事由は限定列挙か例示列挙か ── 174
1 契約の終了原因
2 解除条項を定める必要性
3 解除事由の定め方（限定列挙か例示列挙か）
4 限定列挙か例示列挙かの解釈の対立の解消

|40| 解除条項はシンプルな形になっているか（抽象的な表現になっていないか、条件や制限がついていないか） ── 179
1 契約の終了原因
2 解除条項を定める必要性
3 解除事由が抽象的な場合のリスク
4 解除に条件がついている場合のリスク
5 解除の対象が制限されている場合のリスク
6 解除はシンプルな形にすべし！

損害賠償に関する条項

|41| 損害賠償責任の要件が無過失責任になっていないか ── 187
1 債務不履行に基づく損害賠償責任
2 過失責任の原則と無過失責任
3 「債務者の責めに帰すべき事由」の要件を排除して無過失責任とした損害賠償責任条項

清算に関する条項

|42| 和解契約書（示談書）において清算条項は規定されているか ── 193
1 和解契約の概要
2 清算条項
3 清算条項の範囲の限定

賃貸借に関する条項

|43| 賃料不払いを解除事由とする場合に「賃料○回以上滞納」と規定することは妥当か ── 200
1 賃貸借契約の解除
2 賃料滞納と解除事由

|44| 建物賃貸借終了による賃借人退去後に賃借人の残置物があった場合に対応する規定はあるか ── 204

1 賃貸借契約終了の際の原状回復義務
2 建物賃貸借終了による賃借人退去後に賃借人の残置物があった場合

| 実践的アドバイス11 | 債務履行のタイムリミットが確定日付になっていると大変！ ── 146
| 実践的アドバイス12 | 契約期間と債務履行期限に齟齬があると大変！ ── 148
| 実践的アドバイス13 | 金銭の支払にプレッシャーを与える方法！ ── 165
| 実践的アドバイス14 | 動産の「引渡し」には4類型がある！ ── 166
| 実践的アドバイス15 | 解除には催告解除と無催告解除がある！ ── 185
| 実践的アドバイス16 | 「責めに帰すべき事由」の判断者をチェックせよ！ ── 191
| 実践的アドバイス17 | 「責めに帰すべき事由」と「故意または重過失」とは異なる！ ── 192
| 実践的アドバイス18 | 賃借人の債務不履行について無催告解除できる場合がある！ ── 198

第4章 契約書リーガルチェックのトレーニング

1 売買契約書のリーガルチェック ── 210
2 業務委託契約書のリーガルチェック ── 213

※本書の内容は、令和元（2019）年12月1日現在の法令等によっています。

※本文中、「改正民法」とあるのは、平成29（2017）年6月2日公布「民法の一部を改正する法律（平成29年法律第44号）」による改正後の民法を指しています。

序　章

契約書チェックの秘訣

1 紛争予防・紛争回避・紛争解決のために！

　ここでは、①契約書の意義、②リーガルチェックの重要性について説明します。
　まず、①契約書の意義ですが、契約書は何のために作成するのでしょうか。法律上、多くの契約は口約束でも成立します。しかし、口約束だと後日の紛争の原因となりかねません。そこで、後日の紛争を予防、回避、解決するために契約書を作成するのです。契約書のリーガルチェックをする際には、後日の紛争予防、回避、解決のためという契約書の意義を切り口、視点として行う必要があります。
　次に、②リーガルチェックの重要性ですが、それを意識しないまま漠然と契約書のリーガルチェックをすると、木を見て森を見ない（大局を見失った）チェックになったり、重大な問題点を看過したまま些細な事柄ばかりチェックしたり、場当たり的なチェックになってしまいます。これでは、何のために時間と労力をかけて契約書をチェックするのかわかりません。かえって、後日の紛争の原因を生じさせてしまうことにもなりかねません。契約書のリーガルチェックをする際には、その重要性を十分意識しながら行うことが大切なのです。

1 契約書は何のために作成するのか？

(1) 口約束でも契約成立
　法律上、多くの契約は当事者の合意だけで成立します。契約の成立には、原則として、書面を作る必要はありません（この点は、これまで民法に規定がありませんでしたが、改正民法522条2項で明文化されました。）。当事者が物を売った、買ったと口約束すれば、売買契約書を作らなくてもそれで売買契約は成立するのです。
　それでは、何故、契約書を作成するのでしょうか。

(2) 口約束の危険性

　確かに、法律上、口約束でも契約は成立します。しかし、口約束だと、後日になって、当事者間で約束内容について意見が対立し紛争が生じる可能性があります。そして、口約束だと「言った、言わない」の水掛け論となり、紛争が拡大して収拾がつかなくなるおそれもあります。

(3) 契約書作成は紛争予防、紛争回避のため！

　そこで、契約書を作成する必要が生じるのです。契約書を作成しておけば、後日になって当事者間で契約内容についての意見が対立することを避けることができます。当事者全員が、契約書記載のとおりであると納得していれば、契約内容を巡る紛争を予防することができるのです。

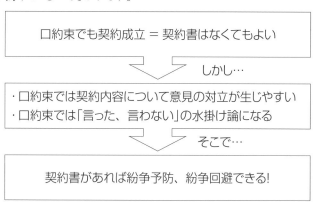

(4) 安易に契約書を作成することの危険性

　このように、契約書は、紛争予防、紛争回避のために作成されるべきものなのです。しかし、現実には、契約締結の際に、「紛争予防、紛争回避のため」という観点から契約書を十分にチェックして調印している人はあまり多くありません。

　「何となく、皆が契約書を作成しているし、自分も作成したほうがよいと思ったから」、とか、「ウチの会社ではずっと前からこの書式で契約してきたから」、とか、「契約相手方が契約書を準備してきたから」等という安易な理由で、ろくに契約書をチェックもせずに調印している人の何と多いことか。

　その結果、契約書があるにもかかわらず、後日になって契約書の条文の解釈を

巡って当事者間で意見が対立して紛争に発展し、裁判沙汰になるケースが後を絶ちません。

　それでは何のために契約書を作成しているのかわかりません。契約書は記念品や思い出として作成するのではありません。

(5) いざ紛争となったときのためにも!

　しかし、いくら紛争予防、紛争回避のために十分注意して契約書を作成しても、現実には、契約の種類、性質または契約締結時以降の状況の変化等の諸事情によって、後日になってから当事者間で契約内容に関して紛争が生じる場合があることは否めません。

　そこで、契約を締結した後に紛争が生じた場合に備えて、予め契約書に紛争解決の方策、指針、方向性を定めておく必要があるのです。

　紛争予防、紛争回避、紛争解決のため、という現実的な意味を考えて契約書を作成しチェックすることが重要なのです。

```
┌─────────────────────────────────────┐
│  契約に関し、紛争の可能性を0%にはできない  │
└─────────────────────────────────────┘
              ↓  そこで…
┌─────────────────────────────────────┐
│  いざというときに備えられる内容の契約書を   │
│  作成・チェックする!                    │
└─────────────────────────────────────┘
```

2 リーガルチェックはなぜ大切なのか？

(1) 紛争になってからでは遅い!
①漫然とリーガルチェックをしてしまうとどうなるか？

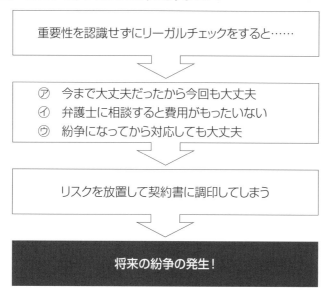

　契約書のリーガルチェックは、将来の紛争を予防するために重要な作業です。もし、このリーガルチェックの重要性を意識しないとどうなるでしょうか。
　「ウチの会社ではリーガルチェックなんてしなくても、今まで大丈夫だった。だから、今回も大丈夫だ。」とか「リーガルチェックを弁護士に頼むと費用がかかってもったいない。」とか「紛争になってから対応しても大丈夫だ。」という発言をよく耳にします。その結果、契約書のリーガルチェックをせずに、リスクを放置したまま契約書に調印し、後になって紛争が生じるケースが数多くあります。

②紛争が発生した場合のデメリットは何か?

> デメリット1:解決に時間がかかる!
> デメリット2:解決にコスト(労力・費用)がかかる!
> デメリット3:有利に解決できる保証なし!

　まず、解決に時間がかかります。示談交渉でも時間がかかりますが、裁判手続になるとさらに時間がかかります。
　次に、解決にコスト(労力・費用)がかかります。例えば、弁護士費用は、法律相談よりも示談交渉のほうが、示談交渉よりも訴訟手続のほうが高くなるのが通常です。
　さらに、自分に不利な契約書に調印していた場合には、自分に有利に解決できる保証はありません。時間とコストをかけた挙げ句に訴訟で敗訴するリスクがあるのです。

③将来の紛争を回避するためにはどうすべきか?

> 紛争が起きないようにすればよい!
> ↓
> 契約書リーガルチェックによってリスクを最小化すべし!

　では、将来の紛争を回避するにはどうすればよいでしょうか。それは、紛争が起きないようにすればよいのであって、そのためには、契約書のリーガルチェックを適切に十分に行ってリスクを最小化すべきなのです。

(2) 紛争の原因となる契約書には2つのパターンがある！

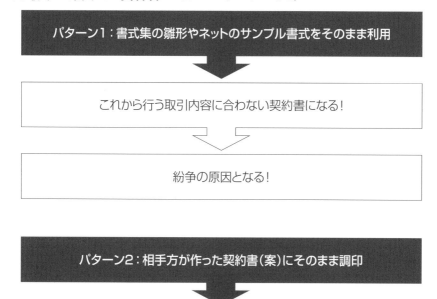

①パターン1（サンプル書式をそのまま利用）

　まず1つ目のパターンは、書式集の雛形やインターネットで検索したサンプル書式をそのまま利用して契約書を作成するケースです。

　サンプル書式を利用すること自体は問題ないのですが、これには落とし穴があります。「利用する側がこれから行う取引の内容」と「利用しようとしているサンプル書式の内容」がまったく同じであることは、現実には極めて稀で、何かしら異なる要素があるのが通常です。ところが、利用する側が、その点に気づかずにサンプル書式そのままの内容で契約書を作成すると（つまり、何のアレンジもしないで作成すると）、これから

行う取引内容と合致しない内容の契約書ができあがることになります。
　これでは、せっかく契約書を作っても、後日の紛争の原因となってしまいます。

②パターン２（相手方が作った契約書（案）にそのまま調印）
　２つ目のパターンは、相手方が作成した契約書(案)を何のリスク分析もしないでそのまま調印するケースです。
　ビジネス社会では、相手方が作成した契約書(案)は相手方に有利な内容になっていることが多いのですが、それにもかかわらず、相手方が作成した契約書(案)について、何らのリスク分析もせずにそのまま調印してしまうケースが驚くほど多く見られます。その場合、後日になって自分に不利であることに気づいても後の祭りです。
　これでは、せっかく契約書を作っても、後日の紛争の原因となってしまいます。何のために契約書を作ったのかわかりません。
　そこで、これらの紛争の原因となる2パターンの契約書にしないためにも、契約書のリーガルチェックが必要となるのです。

2 リーガルチェックはこの順序でやる!

リーガルチェックをする場合の作業には3段階の手順があります。この3段階の手順を意識しつつリーガルチェックを行うことが必要となります。

第1段階　条文の理解!
　　　　　(1)条文内容の意味を理解する。
　　　　　(2)条文は外国語や古代言語を解読するつもりで読む。
　　　　　(3)予定する取引内容とのズレを確認する。
　　　　　(4)字句や表現の修正をする。

第2段階　有利不利の見極め!
　　　　　(1)契約書は中立かつ公平である必要なし。
　　　　　(2)その条文が自分にとって有利か不利かを見極める。
　　　　　(3)不利な部分は修正する。

第3段階　将来の紛争の予防策・解決策の検討!
　　　　　(1)将来の紛争の予防策を盛り込む。
　　　　　(2)将来の紛争の解決策を盛り込む。

1 まずは条文を理解せよ!

契約書のリーガルチェックをする際、まず、条文を理解することが第1段階となります。条文内容の意味を理解して、これから行おうとしている取引内容とズレていないかをチェックします。そのうえで、条文の字句や表現の修正を行います。

条文を理解する場合に注意すべき点は、契約書の条文を、日常的な日本語の文章として読んではならないということです。日常的な日本語の文章のつもりで読むと、多義的な用語や複数の解釈が成り立つ文章を、つい自分に都合よく読んでしまい、後日の紛争の原因を見落とす可能性が高いからです。契約書の条文を読む際は、外国語や古代言語を解読するつもりで読むべきです。

２ 有利不利を見極める!

　第2段階では、契約書の内容が自分にとって有利か不利かを見極めることが必要になります。ところで、多くの方が、契約書は中立、公平に作成しなければならないと思い込んでいるようですが、実は、契約書の内容は、絶対に中立、公平でなければならないというわけではありません（契約自由の原則）。例えば、相手方が作成した契約書は、相手方に有利に作成してあることがよくあります。これに気づかないで契約書に調印すると、後日になって自分に不利であることがわかっても、もはや手遅れです。

　そこで、リーガルチェックの際に、その条文が自分にとって有利か不利かを見極めて、不利な条文とわかったら修正することが必要となるのです。

３ 将来の紛争発生を回避する!

　第1段階と第2段階の作業で、契約書のリーガルチェック作業は概ね一段落します。

　ただし、場合によっては、将来の紛争の発生が予想されることもあります。その場合には、予想される将来の紛争についての予防策や解決策を契約書に盛り込むことができれば万全となります。

3 契約書の柱は四つしかない!

解説

1 契約書のチェックは難行苦行!

　契約書には多くの条文が並んでいます。普通、少ない契約書でも10個くらいの条文があります。多い契約書だと、40個も50個もの条文が並んでいます。これらの多くの条文が並んだ契約書のチェックはとても大変で、時間と労力がかかります。50個もの条文をはじめから一つずつ読んでいくのは、難行苦行そのものでしょう。

2 条文の軽重を意識すべし!

　ところで、50個の条文が並んでいるとして、そのすべての条文が同じ重要度で書かれているわけではありません。50個の条文には、それぞれその契約において異なる役割が与えられており、重要度が異なるのです。
　つまり、その契約にとって、「この条文がなければ成り立たない」、「この条文が契約の中核だ、柱だ」、という超重要条文は実は意外と少ないのです。
　他の条文は、それがなくても契約の効力に影響しないもの、あれば便利だがなくても特に不便にならないもの、まず適用機会のないもの、枝葉末節な事柄を規定したもの、柱となる条文に付随する周辺部分を定めたもの等であって、契約の柱となる超重要条文と比べると重要度が低いものばかりなのです。誤解をおそれずに極論すれば、いわばオマケのようなものです。

3 | 条文の読み方の秘訣

(1) 全体像を把握する!

　契約書の条文をチェックする場合、いきなり第1条から読み始めるのではなく、まず、全体像を把握してください。何の契約なのか、全部で何条あるのか、どういった順番で条文が並んでいるのか等をまず確認しましょう。

(2) 柱となる超重要条文を予想し位置を確認する!

　その次に、「こういう内容の契約であれば、これが中核、柱となるはずだ」という、超重要条文を予想しましょう。そして、条文の見出し(条文見出しのない契約書の場合は無理ですが)を見て、柱となる超重要条文がどこに位置しているのかを確認しましょう。

(3) 強弱をつけて読む!

　そして、いよいよ条文を読むのですが、そのときに、柱となる超重要条文とそうでない条文とで強弱をつけて読むことが肝心です。強弱をつけて読むというのは、柱となる超重要条文でない条文をいいかげんに斜め読みする、ということではありません。

　柱となる超重要条文を読むときは、これが不適切、不十分な書き方だと紛争の原因となったり、自分が圧倒的に不利な立場に追い込まれたり、場合によっては、契約自体が崩壊するかもしれないという危機感を持って読むべきであり、他方、柱となる超重要条文でない条文を読むときは、不適当であれば削除することも視野に入れて読むべきだということです。

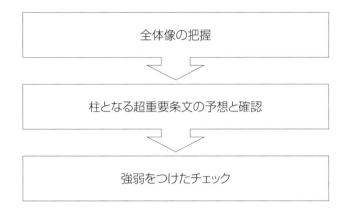

4 契約書の柱は四つ!

では、契約書に並んでいる多くの条文の中で、柱となる超重要条文とはどれのことでしょうか。簡単にいえば、次の四つに絞られます。

1. 合意の種類(取引内容)を定める条文
2. 対価の支払に関する条文
3. 契約期間に関する条文
4. 契約終了に関する条文

(1) 合意の種類(取引内容)を定める条文

例えば、売買契約であれば、物を売る、買う、という当事者の合意の内容が条文に書かれていなければなりません。物を売る、買うという合意内容が条文に書かれていなければ、売買契約にはならないのです。同様に、業務委託契約であれば、この業務を委託する、という当事者の合意の内容が条文に書かれていなければなりません。

契約とは意思表示が合致すること(この点は、これまで民法に規定がありませんでしたが、改正民法522条1項で明文化されました。)、つまり合意することなので、どういう合

意がなされたかが条文に書かれていなければ、そもそも契約は成り立たないのです。

そこで、契約書をチェックする際には、条文に、合意の内容、種類が誤解なきように記載されているかどうかに十分注意しなければなりません。

(2) 対価の支払に関する条文

契約の中には無償契約（対価を伴わない契約）、片務契約（一方当事者だけが債務を負う契約）もありますが、大多数の契約は有償（対価を伴う）双務（両当事者が債務を負う）契約です。

そこで、契約書をチェックする際には、対価の支払について条文に記載されているかどうかに十分注意する必要があります。

例えば、合意の内容、種類をチェックしたところ売買契約であることがわかったとすると、当然、売買代金について条文に書かれていなければなりません。そういう意識で条文をチェックするのです。

(3) 契約期間に関する条文

売買契約のように1回の取引で契約内容が終了する場合には、契約期間は問題になりません。しかし、契約関係がある程度の期間継続して続くことを前提とする契約の場合には（例えば、業務委託契約等）、契約期間が重要になります。契約期間を定めた場合は、契約期間が満了すると、そのことが契約終了事由となり、原則として契約が終了します。他方、契約期間を定めない場合は、何か他の契約終了事由がない限り契約は終了しません。

そこで、契約書をチェックする際には、契約期間が明記されているかどうかを確認する必要があります。

(4) 契約終了に関する条文

一般に、契約書に調印する段階では、ビジネスの成功を祈り、法律関係の構築に安心し、取引先との関係に期待を寄せるのが通常です。契約書に調印する前から、契約関係の解消を心配している人は極めて少数でしょう。そうすると、つい契約書をチェックする際に、契約終了に関する条文について適当に読み流してしまいます。

しかし、現実に紛争が生じるのは、契約を維持発展するときではなく、契約を解消するときなのです。とすれば、紛争予防、紛争回避、紛争解決のためにも、契約書をチェックする際は、必ず契約終了に関する条文を確認してください。「どのような事由があれば契約を解除できるのか」、「契約期間の途中で契約を解約することができるのか」、について精査する必要があるのです。

実践的アドバイス 1　管轄の合意は規定したほうが得!

❶ 合意管轄とは何か?

　合意管轄とは、当事者間の合意によって生じる管轄のことです。民事訴訟法11条は、当事者は、第一審に限り、合意により管轄裁判所を定めることができると規定しています。また、この管轄の合意は、書面でしなければ効力を生じません(民事訴訟法11条2項)。

❷ 合意管轄条項を明記したほうが得策!

　契約書は紛争予防のために作成するものですが、契約書を作成しても、現実には紛争を100%防止することはできません。

　そこで、契約書の中に、いざ紛争が起きて裁判(訴訟)となった場合に備えて、合意管轄条項を規定しておくことが重要となります。合意管轄の規定を明記しておかないと、法定管轄(民事訴訟法等の法律で定められている管轄)の関係で遠隔地の裁判所に訴訟が係属してしまうことがあります。それでは大変なので、万一、訴訟になったときに備えて、訴訟維持に便利な裁判所を第一審の裁判所にする旨を合意しておくことが大切なのです。

　例えば、「甲と乙は、本契約に関する紛争について、○○地方裁判所を第一審の管轄裁判所とすることを合意する。」等という条文を記載しておくとよいでしょう。

　ただし、相手方に便利で自分にとって不便な裁判所を第一審の管轄裁判所にする旨の合意を定めた条文のある契約書を相手方から提案された場合には、その条文を削除する方向で交渉しましょう。合意管轄条項を記載しなくとも、契約書の効力に影響はありません。

> 実践的アドバイス 2

「コピペ」にご用心！

❶ コピペの危険性

　最近では、インターネットで検索すれば簡単に契約書の書式、ひな形が数多くヒットします。しかし、インターネットで入手できる契約書の書式、ひな形は玉石混交です。
　法律上問題のあるもの、法的に危ういもの、法律上間違っているものも多く、また、法律上特段の問題はなくても、利用する側にとって不利な内容、リスクのある内容で条文構成がなされているものもあります。
　ある特定の取引に現実に使用した契約書書式をサンプルとして公開している場合もありますが、利用する側がその特定の取引と自己のやろうとしている取引との差異を意識せずにそのままコピー＆ペースト（コピペ）で使用すると思わぬ間違いが生じたり、想定外の不利益を被る場合があります。

❷ 契約書はオーダーメイドがベスト

　そもそも、契約というのは個別の当事者、個別の取引に応じて千差万別のはずであり、契約書もオーダーメイドで作成するのが最善の対策なのです。とはいえ、ビジネス社会においては、のんびりとオーダーメイドの契約書等を作成している暇はないのが現実ですから、多くの場合、既存の契約書の書式やひな形をベースにして自己の取引にあった形に改造してから利用することになります。
　書式やひな形を利用する場合は、自己の取引との差異を意識して改造すべき点をしっかりと改造して、リスクのない形で利用することを心がけてください。

第1章
当事者に関する
チェックポイント
(誰と誰の契約なのか!)

1 当事者が正確に表示されているか（当事者名の簡略化）

| ケース研究 | 当事者の名称を簡略化して表示するケース |

会社名が正確ではない（略称を用いる等）

○○契約書

株式会社銀櫻ダイヤ と株式会社Aは次のとおり契約を締結する。
（以下略）

① 当事者名が長い場合、その長い名称が登場するたびに、いちいち契約書に記載するのは煩雑なので、契約書には簡略化した名称を使用して表現することがよくあります。

② 例えば、当事者の名称が「株式会社銀座櫻井綜合ダイヤモンドゴールデン企画」という名称のときに、これを簡略化して「株式会社銀櫻ダイヤ」という略称を使用して記載するような場合です。

③ しかし、そうすると、この契約書の文面を外形的に見る限り、本来契約する予定の当事者（株式会社銀座櫻井綜合ダイヤモンドゴールデン企画）とは異なる名称の別会社（株式会社銀櫻ダイヤ）との間で契約が成立したように読むことができてしまいます。せっかく契約書を作成しても、これでは後日の紛争の原因を内包することになってしまいます。

長くても、最初に正確な名称を記載する

株式会社銀座櫻井綜合ダイヤモンドゴールデン企画（以下「甲」という。）と株式会社Ａ（以下「乙」という。）は次のとおり契約を締結する。

　後日の紛争を予防するために、当事者の名称は正確に記載しましょう。もっとも、契約書の中で当事者が登場するたびに記載するのは煩雑で読みづらいのも確かです。そこで、実務的には、最初は当事者の名称を正確に記載した上で、その後は略称（「甲」、「乙」等といい換える）を活用することによってこの点を解決しています。

解　説

1　契約当事者の表示は正確に！

(1) 契約の効力が及ぶ人的範囲

　契約の効力は、契約当事者に対して及びます。契約した当事者がその契約の効力に拘束されるのです。逆にいうと、契約当事者ではない契約外の第三者には契約の効力は及ばないのが原則です。

(2) 契約当事者を正確に表示する必要性

　したがって、契約書には契約当事者を正確に記載しなければなりません。契約当事者が正しく表示されていないと、本来契約当事者であるべき者に契約の効力が及ばない可能性があるのです。

　後日の紛争予防のためには、まず、契約当事者が正確に表示されているか否かという点をチェックする必要があります。

2　長い名称を簡略化する場合の注意点

(1) 長い名称を簡略化する背景

　当事者の名称が長い場合、その名称が登場する都度、その長い名称をそのまま契約書に記載することはとても煩雑であり、躊躇を覚えるものです。そこで、長い名称を簡略化して書くという方法を選択することがよくあります。

　例えば、上記の例のように、「株式会社銀座櫻井綜合ダイヤモンドゴールデン企画」という長い名称を簡略化して、「株式会社銀櫻ダイヤ」とするのもその一例です。

(2) 簡略化する場合の問題点

　しかし、上記ケース研究の「×」のような書き方では、契約書の文面を外形的に見る限り、契約当事者は「株式会社銀座櫻井綜合ダイヤモンドゴールデン企画」ではなく、「株式会社銀櫻ダイヤ」という別会社（異なる権利主体）と考えるのが自然です。つまり、この契約は「株式会社銀櫻ダイヤ」との間で成立したものと解釈され、本来の契約当事者であるべき「株式会社銀座櫻井綜合ダイヤモンドゴールデン企画」との間では成立していないことになってしまいます。

　「そんなバカなことはありえない」、と思う方もいるかもしれませんが、例えば、業界内部や社内の一部で使用している略称、別名、愛称等を契約書に書いてしまうことは世間ではよくある話なのです。

　後日の紛争予防のためにも、当事者の名称が長いからといって安易に簡略化せずに、当事者名をきちんと正確に表示すべきです。

　なお、当事者が法人の場合は、たとえ長い名称でも登記された正式な名称を記載しましょう。

(3) 略称の活用

　もっとも、契約書の中で長い名称が登場するたびに、その長い名称を記載するのは煩雑で読みづらいので、実務的には、最初にその長い名称を正確に記載した上で、その後は略称（「甲」、「乙」等といい換える）を活用する方法がとられています。

　こうすることによって、長い当事者の名称を正確に書くという必要性と、長い名称を

いちいち契約書に書くのは煩雑だという実務のバランスをとることができるのです。

2 当事者が正確に表示されているか（「株式会社」の省略）

ケース研究 「株式会社」等法人を表す文言を省略して当事者名を記載するケース

○○契約書

個人名なのか、会社名なのかわからない

櫻井喜久司（以下「甲」という。）と株式会社A（以下「乙」という。）は次のとおり契約を締結する。

（以下略）

① この文章を見ただけで、当事者の甲が、「株式会社櫻井喜久司」であると読むことができるでしょうか。通常は無理だと思います。このように、当事者名が「株式会社櫻井喜久司」である場合に、「株式会社」を省略して表示してしまうと、契約書の文面を外形的に見る限り、契約は個人である「櫻井喜久司」との間で成立するものと解釈することができてしまいます。

② つまり、この契約書の文面を外形的に見る限り、「株式会社櫻井喜久司という株式会社が当事者となっている契約だ」ということはわからないのです。その結果、本来の契約当事者であるべき「株式会社櫻井喜久司」は契約当事者とはならず、本来契約当事者ではないはずの個人の「櫻井喜久司」が契約当事者として取り扱われる可能性があるのです。

③ このように安易に株式会社を省略すると、せっかく契約書を作成したにもかかわらず、契約当事者が誰なのかという根本的疑問が残ったままなので、将来の

紛争の原因となってしまいます。

株式会社櫻井喜久司(以下「甲」という。)と株式会社A（以下「乙」という。)は次のとおり契約を締結する。

──法人を示す文言を省略しない

後日の紛争を予防するために、当事者の名称は正確に記載しましょう。当事者が法人の場合には必ず「株式会社」、「公益社団法人」、「公益財団法人」等の法人を表す文言を記載してください。

解説

1 　契約当事者の表示は正確に!

(1) 契約の効力が及ぶ人的範囲

│1│でも述べましたが、契約の効力は、契約当事者に対して及びます。契約した当事者がその契約の効力に拘束されるのです。逆にいうと、契約当事者ではない契約外の第三者には契約の効力は及ばないことになります。

(2) 契約当事者を正確に表示する必要性

したがって、契約書には契約当事者を正確に記載しなければなりません。契約当事者が正しく表示されていないと、本来契約当事者であるべき者に契約の効力が及ばないおそれがあるのです。

後日の紛争予防のためには、まず、契約当事者が正確に表示されているか否かという点をチェックしましょう。

2 「株式会社」等法人を表す文言を省略した場合

(1) 法人格の表示

　権利義務の帰属主体となる資格を法人格といいます。株式会社は、個人の人間とは区別された法人格を有しています。株式会社と個人の人間とは、別々の権利義務の帰属主体なのです。

　つまり、「株式会社」の表記があるか否かで全く異なる法律関係になってしまいます。これは、「公益社団法人」、「公益財団法人」等の他の法人の場合も同様です。

(2) 上記ケース研究の場合

　例えば、上記ケース研究の「×」のような書き方では、契約書の文面を見る限り、契約は個人である「櫻井喜久司」との間で成立したとしか読めません。したがって、本来予定している契約当事者であるべき「株式会社櫻井喜久司」との間では契約は成立していない形になってしまいます。

　後日の紛争を回避するためには、法人を表す文言は絶対に省略しないでください。

　「そんな間違いは普通しない」、と思うかもしれませんが、現実に、例えば、関係者の間で「株式会社」をつけずに呼んでいるような場合には、このような間違いがよく起きています。うっかり省略することのないよう、注意が必要です。

3 当事者が正確に表示されているか（屋号の記載）

ケース研究 屋号で当事者を表記しているケース

― 個人としての契約時に、屋号を用いない

○○契約書

サクライ商店（以下「甲」という。）と株式会社A（以下「乙」という。）は次のとおり契約を締結する。

（以下略）

① 例えば、「櫻井喜久司」という個人が「サクライ商店」という屋号で商売をしていて、日常的に屋号で呼ぶことが多い場合には、契約書において、このように屋号で当事者名を表記することがよくあります。

② しかし、この書き方では、契約書の文面を外形的に見る限り、契約は「サクライ商店」との間で成立すると読むことができてしまいます。そうすると、個人の「櫻井喜久司」は契約書には登場しないので、個人の「櫻井喜久司」は契約当事者にはならないのではないかという疑問が生じます。

③ 他方、この「サクライ商店」は単なる屋号にすぎないため、「サクライ商店」自体には法人格はなく、そもそも権利義務の帰属主体とはなりえないのではないか、契約当事者にはなりえないのではないか、という疑問も生じてしまいます。

④ その結果、この契約の当事者はいったい誰なのか、という点について、将来になって紛争が生じる可能性が残ってしまいます。後日の紛争を予防するために

は、安易に屋号で当事者を表記することは避けるべきです。

　　　　　　　屋号も本名も記載する
サクライ商店こと櫻井喜久司（以下「甲」という。）と株式会社A（以下「乙」という。）は次のとおり契約を締結する。

　後日の紛争を予防するために、当事者の名称は正確に記載しましょう。取引上、屋号を使用した方が便利な場合には、「屋号こと本名」という記載方法を活用するとよいでしょう。

解説

1　契約当事者の表示は正確に！

(1) 契約の効力が及ぶ人的範囲

　すでに述べたとおり、契約の効力は契約当事者に対して及び、契約した当事者がその契約の効力に拘束されます。つまり、契約当事者ではない契約外の第三者には契約の効力は及ばないのです。

(2) 契約当事者を正確に表示する必要性

　したがって、契約書には契約当事者を正確に記載しなければなりません。契約当事者が正しく表示されていないと、本来契約当事者であるべき者に契約の効力が及ばない可能性が生じてしまいます。

　後日の紛争予防のためには、まず、契約当事者が正確に表示されているか否かという点を確認しましょう。

2　屋号で当事者を表記する場合

(1) 屋号の使用

　個人経営の商店等では、いわゆる屋号を使用することが一般的です。しかし、この屋号は、法律上の権利義務の帰属主体にはなりません。この場合の権利義務の帰属主体は、あくまでも屋号を使用している個人なのです。つまり、屋号を使用している個人が契約の当事者ということになります。

(2) 屋号使用の問題点と対策

　例えば、上記ケース研究の「×」の書き方では、契約書の文面を外形的に見る限り、契約は「サクライ商店」との間で成立すると解釈される可能性があります。しかし、この「サクライ商店」は単なる屋号にすぎません。そうすると、「サクライ商店」は権利義務の帰属主体とはなりえないのではないか、という疑問が生じてしまいます。

　他方で、本来予定している権利義務の帰属主体、契約当事者であるはずの個人の「櫻井喜久司」は契約書には登場しません。これでは後日の紛争の原因になるだけです。

　したがって、屋号によって個人当事者を表示することはできるだけ避けたほうがよいでしょう。

　ただし、取引上、屋号を使用したほうが便利な場合もあります。その際には、例えば、「サクライ商店（屋号）こと櫻井喜久司（本名）」という形で記載するとよいでしょう。

4 | 当事者の署名捺印はあるか（署名捺印欄の空欄）

ケース研究 当事者双方が契約内容について合意に達し、契約書の条文も異論なく後は署名捺印をするだけになったが、つい安心してしまい、署名捺印をしていないケース

○○契約書

甲と乙は、次のとおり契約を締結する。
第1条　・・・

（中略）

　本契約の成立を証するため、本書2通を作成し、甲乙署名捺印の上、甲乙1通ずつ保有する。
　　令和○年○月○日

署名欄が空欄になっている

（甲）
（乙）

① 契約書に署名捺印がないと（署名捺印欄が空欄だと）、契約書の文面を外形的に見る限り、単なる契約書の原稿案にしか見えず、契約が成立したと見ることは難しいかもしれません。

② もちろん、契約書を作成しなくても、口約束でも契約は成立するのが原則です。しかし、万一、当事者間で契約が成立したか否かについて争いになった場合には、署名捺印のない契約書は契約が成立していないことを裏づける有力な証拠として評価される可能性が高いでしょう。

③ したがって、契約当事者双方が契約書の内容に合意しても、最終的に署名捺印しないままだと、契約の成否について当事者の意見が食い違う可能性があるので、将来の紛争の原因となってしまいます。

　本契約の成立を証するため、本書2通を作成し、甲乙署名捺印の上、甲乙1通ずつ保有する。
　令和○年○月○日

署名・捺印は必ず行う

（甲）　櫻井　喜久司　㊞
（乙）　乙野　乙平　㊞

当事者双方が契約書の内容について合意に達したときは、必ず署名捺印をしましょう。

解説

1 当事者の署名捺印は合意成立の決定的証拠！

(1) 口約束の危険性

　契約は、原則として口約束だけでも成立します。法律上、契約書を作成しなくても、口約束だけで原則として契約は成立するのです（改正民法522条2項）。

　しかし、口約束の場合、当事者間で誤解、勘違い、意見の相違等によって、後日になって、契約内容について意見の対立が生じる可能性があります。しかも、口約束の場合、「言った、言わない」という水掛け論となるので、紛争が激化するおそれもあります。

(2) 契約書を作成する意味(紛争予防、紛争解決)

そこで、紛争を予防するため、紛争を解決するためにも契約書を作成することが重要なのです。このように契約書は、紛争予防のため、紛争解決のために作成するものであると考えるべきであり、契約書は契約が成立した事実の決定的な証拠となるものなのです。

(3) 署名捺印の重要性

そのような重要な意味を持つ契約書が作成された事実、つまり、契約が成立した事実を確定するために、当事者は契約書に署名捺印するのです。

契約書の最後に「本契約の成立を証するため署名捺印する」という一文が記載されるのが慣例ですが、これはこのような趣旨なのです。契約書への署名捺印は、重要な意味を持っています。

2 合意に達しているが契約書の署名捺印がないケース

(1) 署名捺印のない場合

上記のとおり、原則として口約束でも契約は成立します。しかし、現実には、いくら合意に達していても、契約書の条文に異論がなくても、契約書に署名捺印がされていない以上は、契約は未だ成立していないと解釈するのが普通の見方です。

契約当事者の合理的意思を考えても、一般的に、契約内容に異論がない段階と、契約成立を決意する段階と、契約書に署名捺印する段階とは別段階の行為として捉えられているのではないでしょうか。

(2) 署名捺印と紛争予防

もちろん、契約当事者双方が、契約書に署名捺印しないまま取引を開始しても、当事者間の契約に関する認識が一致していて何のトラブルも生じない場合には、口約束によって契約が成立したものとして取り扱われることになり、それで法的にも問題にならないでしょう。

しかし、紛争予防、紛争解決という観点からは、契約内容について合意に達した場合には、必ず契約書に署名捺印をすべきでしょう。

5 当事者の署名捺印はあるか（記名あり捺印なし）

ケース研究

当事者双方が、契約内容について合意に達し、契約書の条文にも異論がなく、後は署名捺印をするだけという段階になったので、契約書に予め当事者の氏名を印字したが、捺印しないままになったケース

　　　　　　　　　　○○契約書

甲と乙は、次のとおり契約を締結する。
第1条　・・・
　　　　　　　　　（中略）
　本契約の成立を証するため、本書2通を作成し、甲乙署名捺印の上、甲乙1通ずつ保有する。

　　令和○年○月○日

　　　　　　　　　（甲）　櫻井　喜久司　　○　┐
　　　　　　　　　（乙）　乙野　乙平　　　　○　┘ 捺印がない

　契約書に署名捺印する場合、署名は手書きで自署するのが原則ですが、予め印字しておいても構いません。ただし、予め契約書に氏名を印字しておく場合、捺印がない以上、外形的に見て、契約書の原稿案と変わりません。たとえ当事者が合意していても、これでは、当事者が合意したか否かがわからないので、紛争の原因となりかねません。

本契約の成立を証するため、本書2通を作成し、甲乙署名捺印の上、甲乙1通ずつ保有する。
　令和〇年〇月〇日

　　　　　　　　　　　　　　　　　　　　　　　捺印は必ず行う
　　　　　　　　　（甲）　櫻井　喜久司　㊞
　　　　　　　　　（乙）　乙野　乙平　　㊞

当事者双方が契約書の内容について合意に達したときは、予め契約書に氏名が印字されている場合でも、紛争予防のために必ず捺印をしましょう。

解　説

1　当事者の署名捺印は合意成立の決定的証拠!

(1) 口約束の危険性

　前述のとおり、契約は口約束だけでも成立するのが原則です(改正民法522条2項)。

　しかし、口約束の場合、当事者間で誤解、勘違い、意見の相違等によって、後日、契約内容について意見の対立が生じる可能性があります。しかも、口約束の場合、「言った、言わない」という水掛け論となるので、紛争が激化するおそれもあります。

(2) 契約書を作成する意味(紛争予防、紛争解決)

　そこで、紛争を予防するため、紛争を解決するためにも契約書を作成することが重要となるのです。

　このように契約書は、紛争予防のため、紛争解決のために作成するものであり、契約書は契約が成立したことの決定的な証拠となるものなのです。

(3) 署名捺印の重要性

　そのような重要な意味を持つ契約書が作成された事実、契約が成立した事実を確定するために、当事者は契約書に署名捺印するのです。契約書の最後に「本契約の成立を証するため署名捺印する」という一文が記載されるのが慣例ですが、これはこのような趣旨なのです。

2　契約書に氏名が印字されているが捺印がないケース

　署名欄の氏名は、手書きで自署するのが原則ですが、予め印字しておいても構いません。しかし、契約書に予め氏名を印字した場合、その印字の瞬間に契約が成立したと考えることは稀です（それだとパソコンで作成した契約書の原稿が印刷された瞬間に契約が成立することになってしまいますが、そう考えるのは一般的ではありません）。

　通常は、氏名が印字された契約書に捺印することによって契約が成立すると考えるのが普通です。

　したがって、氏名が印字されていても捺印のない契約書は、未だ契約が成立していないと解釈、評価される可能性が高いといえるでしょう。その意味で、捺印があるとないでは、法的に大きな差異を生じてしまいます。

　後日の紛争予防のためには、予め氏名を印字した契約書であっても必ず捺印しましょう。

6 署名捺印した者に権限はあるか（代理人の場合）

ケース研究 Aとの間で契約を締結したが、署名捺印欄には、契約締結交渉の担当者であった代理人と称するBが署名捺印したケース

○○契約書

甲と乙は、次のとおり契約を締結する。
第1条 ・・・

（中略）

本契約の成立を証するため、本書2通を作成し、甲乙署名捺印の上、甲乙1通ずつ保有する。

令和○年○月○日

　　　　　　　　　　　　　　　契約当事者か代理人かわからない
（甲）　櫻井　喜久司　㊞
（乙）　　　　B　　　　㊞

① 契約書に署名捺印する場合、契約当事者本人が署名捺印する必要があります。通常はそのように契約当事者本人が署名捺印をしています。
② ところで、法律上、「代理」という制度があります（民法99条～）。代理人は本人から代理権を付与されて法律行為を行い、その法律効果は本人に帰属します。したがって、契約当事者から代理権を付与された代理人が、代理人として契約書に署名捺印することは問題ありません。
③ しかし、代理人が代理行為をする場合は、代理人であることを示さなければな

らないとされています。代理人であることを示さないで署名捺印した場合は、原則として、本人にはその法律効果が帰属しません。

④ 上記ケース研究の「×」のBの署名捺印では、契約書の文面から見る限り、BがAの代理人であることがわかりません。Bが個人で契約したように見えます。これでは、後日になって、この契約に基づく契約の効力がAに対して及ぶのかどうかが紛争となる可能性が残ってしまいます。

　本契約の成立を証するため、本書2通を作成し、甲乙署名捺印の上、甲乙1通ずつ保有する。

　　令和〇年〇月〇日

　　　　　　　　　　　　　　　　　　代理人であることを明記する
　　　　　　　　　　（甲）　櫻井　喜久司　㊞
　　　　　　　　　　（乙）　A代理人　B　㊞

　このように、後日の紛争を予防するためにも、BがAの代理人であることがハッキリとわかるように、「A代理人B」と記載しなければなりません。

解説

1　署名捺印は契約当事者本人がするのが原則！

(1) 署名捺印は契約当事者本人がするのが原則

　契約書に署名捺印する場合、契約当事者本人が署名捺印する必要があります。契約の効力は契約当事者本人に及ぶものだからです。

(2) 契約当事者本人でない者が署名捺印をした場合
①本来契約当事者となるべき者について
　そうすると、契約当事者本人ではない者が署名捺印をした場合、本来契約当事者となるべき者には契約の効力が及ばないのではないか、という疑問が生じます。何故なら、本来契約当事者となるべき者は署名捺印をしていないからです。

②現に署名捺印した者について
　他方で、本来契約当事者ではないにもかかわらず現に署名捺印をした者に対して、契約の効力が及ぶのだろうか、という問題も生じてしまいます。

③注意が必要
　したがって、契約当事者本人ではない者が署名捺印をする場合には、法律上それがどのような意味で行われるのか、について慎重に確認する必要があります。

2　代理人による署名捺印の場合

(1) 代理行為
　法律上、「代理」という制度があります（民法99条～）。代理人は、本人から代理権を付与されて法律行為を行い、その法律効果は本人に帰属することになります。したがって、契約当事者から代理権を付与された代理人が、代理人として契約書に署名捺印することは問題ありません。

(2) 顕名
　しかし、代理人が代理行為をする場合は、代理人であることを示さなければなりません（これを「顕名」といいます）。契約書面上で「代理人であることを示す」とは、具体的には「○○（本人氏名）代理人△△（代理人氏名）」と書くことになります。
　代理人であることを示さないで署名捺印をした場合は、原則として、本人には法律効果が帰属しないものとされています。
　上記ケース研究の「×」の書き方では、BがAの代理人であることが示されていません。これでは後日、契約の効力がAに及ぶかどうかが問題となってしまいます。後日

の紛争の予防するためにも、「A代理人B」という形で代理人であることを示す必要があります。

(3) 代理人が署名捺印する場合の相手方当事者の注意点

なお、契約の相手方の代理人が署名捺印する場合、必ず契約の相手方が作成した委任状の提出を求めて、代理人と称する者が契約相手方本人から実際に代理権を付与されているかどうかを確認してください。

本人から代理権を付与されないにもかかわらず、代理人として法律行為をした場合には、原則として、本人には法律効果が帰属しないと解されています。つまり、Aの代理人と称する者Bが「A代理人B」と署名捺印しても、代理権がない場合には（これを「無権代理」といいます）、この契約の法律効果はAに帰属しないのです。

実践的アドバイス 3 　捺印は実印でなければダメか？

契約書を作成する場合、当事者は、署名捺印欄に氏名を署名して捺印することになります。この場合の署名は、手書きが原則ですが、記名（印字、ゴム判）でも構いません。

それでは、捺印は実印でなければダメでしょうか。実際の取引では、実印での捺印と印鑑証明書の添付を要求されることも少なくありません。

しかし、法律上は、契約書の捺印は実印でなくても構いません。いわゆる三文判、認印でもOKです。

7 署名捺印した者に権限はあるか（法人の場合）

ケース研究　A株式会社との間で契約を締結したが、署名捺印欄には、契約締結交渉の担当者であったA株式会社の営業部主任Bが署名捺印したケース

○○契約書

甲と乙は、次のとおり契約を締結する。
第1条　・・・

（中略）

　本契約の成立を証するため、本書2通を作成し、甲乙署名捺印の上、甲乙1通ずつ保有する。

令和○年○月○日　　　　　　　　　　　　代表権限がない

（甲）　櫻井　喜久司　㊞
（乙）　A株式会社　営業部主任B　㊞

① 契約書に署名捺印する場合、契約当事者本人が署名捺印する必要があります。通常はそのように契約当事者本人が署名捺印をしています。
② 株式会社が契約を締結する場合、契約当事者はその株式会社自体となります。しかし、株式会社は肉体のある人間とは異なる概念上のものなので、株式会社が法律行為をするには、現実には誰かが株式会社を代表して行わなくてはなりません。そこで、株式会社が契約を締結する場合は、代表権限を持つ者

が株式会社を代表して契約を締結することになります。通常、株式会社の代表権を有するのは代表取締役なので、原則として、株式会社の代表権限を持つ代表取締役が会社を代表して署名捺印をすることになります。

③ そうすると、営業部主任に株式会社の代表権限がある場合は別として、通常は、営業部主任には株式会社を代表する権限がありません。したがって、営業部主任は、原則として会社を代表して契約を締結する権限はないと考えることになります。

④ 上記ケース研究「×」の書き方だと、文面を見る限り、A株式会社の代表権のない営業部主任であるBが署名捺印している形になっていますので、後日になって、代表権限なき者が署名捺印した契約の効力について、紛争が生じる原因となってしまいます。

　本契約の成立を証するため、本書2通を作成し、甲乙署名捺印の上、甲乙1通ずつ保有する。

　　令和○年○月○日

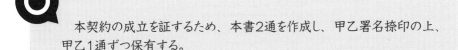

　　　　　　　　　　（甲）　櫻井　喜久司　　㊞
　　　　　　　　　　（乙）　A株式会社　代表取締役C　㊞

代表権限のある者が署名捺印する

このように、株式会社との間で契約を締結する場合には、相手方に対し、代表権限のある代表取締役が署名捺印するよう要請することを忘れないでください。後日の紛争を予防するためにも、契約当事者である株式会社の代表権のある者（通常は代表取締役）が署名捺印をしているかどうかを必ずチェックしましょう。

解説

1 署名捺印は契約当事者本人がするのが原則!

(1) 署名捺印は契約当事者本人がするのが原則

契約書に署名捺印する場合、契約当事者本人が署名捺印する必要があります。契約の効力は契約当事者本人に及ぶものだからです。

(2) 株式会社の場合の署名捺印

株式会社が契約当事者になる場合でいえば、契約の効力が及ぶのは株式会社ですから、株式会社が署名捺印しなければならないことになります。「株式会社が署名捺印をする」といっても、株式会社が法律上の概念であって肉体のある人間とは異なる以上、誰かが株式会社を代表して署名捺印をしなければならないということになります。

通常、株式会社において代表権があるのは代表取締役です。したがって、一般的には、株式会社が契約を締結する際には、代表取締役が株式会社を代表して契約に署名捺印することになります。

なお、この理屈は、株式会社以外の法人の場合にも当てはまりますので、ご注意ください。

(3) 契約当事者本人でない者が署名捺印をした場合
①本来契約当事者となるべき者について

契約当事者本人ではない者が署名捺印をした場合、本来契約当事者となるべき者には契約の効力が及ばないのではないか、という疑問が生じます。何故なら、本来契約当事者となるべき者は署名捺印をしていないからです。

株式会社の場合でいうと、代表取締役ではない者が署名捺印をしたときに、契約の効力は株式会社に及ぶのか、という問題が生じるのです。

②現に署名捺印した者について

他方で、本来契約当事者ではないにもかかわらず現に署名捺印をした者に対して、契約の効力が及ぶのだろうか、という問題も生じてしまいます。

これは株式会社の場合でいうと、代表権のない者が（上記ケース研究の「×」では営業部主任）署名捺印をしたときに、契約の効力はその者に及ぶのか、という問題となります。

③注意が必要
　したがって、契約当事者本人ではない者が署名捺印をする場合には、法律上それがどのような意味で行われるのか、について慎重に確認する必要があります。

2　株式会社の署名捺印の場合

(1) 代表権ある者による署名捺印
　株式会社が契約当事者となる場合、代表権のある者（通常は代表取締役です）が株式会社を代表して署名捺印をすることになります。代表権のない者が株式会社を代表して署名捺印をしても、原則として、株式会社の署名捺印ということにはなりません。

(2) 代表権の確認と紛争予防
　ケース研究の「×」の書き方では、文面を見る限り、Bは営業部主任であり、代表取締役ではありません。通常は営業部主任には株式会社の代表権はありません。とすると、このような「A株式会社　営業部主任B」の署名捺印ではA株式会社には契約の効力が及ばないと解釈される可能性が高いでしょう。

　したがって、このままでは、後日になって、この契約の効力がA株式会社に及ぶか否かで紛争に発展するおそれがあります。ちなみに、A株式会社に及ばないとなった場合には、Bに効力が及ぶか否かの問題に発展します。

　そこで、将来の紛争を予防するためには、契約の相手方が株式会社の場合には、その株式会社の代表権を有する代表取締役が署名捺印をするよう要請することが必要でしょう。

　もし、代表取締役でない者が署名捺印をした場合には、代表権の根拠の説明を求めるとともに、その代表権の根拠となる資料（委任状等）の提出を要求してください。

8 連帯保証人の署名捺印はあるか

ケース研究　甲が乙に金銭を貸し付ける際、乙の債務についてAを連帯保証人にすることにしたが、署名捺印欄には連帯保証人のAの署名捺印がなかったケース

○○契約書

甲と乙は、次のとおり契約を締結する。
（中略）
第●条　甲は乙に対し、本日金100万円を貸し付け、乙はこれを受領した。
第▲条　Aは、本契約に基づく乙の甲に対する債務について乙の連帯保証人として責任を負う。
（中略）
令和○年○月○日

署名捺印がないと連帯保証人の責任が追及できない

（甲）　甲　㊞
（乙）　乙　㊞
（連帯保証人Aの署名捺印なし）

① 契約書に署名捺印する場合、契約当事者本人が署名捺印しなければなりません。契約の効力は署名捺印した契約当事者に及ぶのです。逆にいうと、署名捺印しない者には契約の効力は及びません。

② ところで、上記ケース研究の「×」の場合、「甲と乙が、乙が甲から金100万円

を借り（金銭消費貸借契約）、その返還債務についてAが連帯保証人となって乙と連帯して責任を負う」、という内容の契約を締結したわけですが、連帯保証人Aの署名捺印がありません。このままでは、甲は、この契約書の条項に基づいてAに対して連帯保証人の責任を追及することができなくなる可能性が高いといえます。つまり、このような契約書を作成してしまうと、後日の紛争の原因となってしまうのです。

> 第●条　甲は乙に対し、本日金100万円を貸し付け、乙はこれを受領した。
> 第▲条　**Aは、本契約に基づく乙の甲に対する債務について乙の連帯保証人として責任を負う。**
> 令和○年○月○日　　　　　　　　　　連帯保証人も署名捺印する
>
> 　　　　　　　　　（甲）　　甲　　㊞
> 　　　　　　　　　（乙）　　乙　　㊞
> 　　　　　連帯保証人　　　　　A　　㊞

OK

このように、連帯保証人がいる場合、連帯保証人も契約当事者として署名捺印することが必要です。連帯保証人の署名捺印が欠落していないかどうか必ずチェックしてください。

解説

1 署名捺印は契約当事者本人がするのが原則！

契約書には契約当事者が署名捺印する必要があります。契約の効力が及ぶのは署名捺印した契約当事者です。例えば、乙が甲から借金する場合、甲乙間で金銭消費貸借契約が成立することになるので、甲と乙が署名捺印しなければなりま

せん。

このことは、連帯保証の場合にも当てはまります。

2 連帯保証契約の場合

(1) 連帯保証契約の当事者

保証契約は、債権者と保証人との間の契約です（民法446条）。このことは連帯保証契約の場合も同じです（民法454条）。主たる債務の債務者の同意は不要です。

上記ケース研究の「×」の例でいうと、甲と乙が金銭消費貸借を締結した際に、Aが乙の連帯保証人となる場合には、甲とAが連帯保証契約の当事者として契約する必要があるのです。つまり、金銭消費貸借契約の当事者は甲と乙、連帯保証契約の当事者は甲とAということになり、両契約は別々の契約として成立することになります。

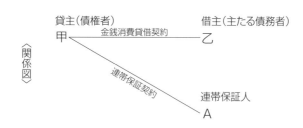

(2) 連帯保証契約書の作成方法

①別々に作成する方法

したがって、法律上、両契約が別々の契約である以上、甲乙間の金銭消費貸借契約書と甲A間の連帯保証契約書とは区別してそれぞれ別個に作成することになります。なお、保証契約（連帯保証も含む。）は、書面でしなければ、その効力を生じません（民法446条2項）。また、改正民法465条の6は、事業のために負担した貸金等債務を主債務とする個人保証は、保証契約締結日前1か月以内に作成された公正証書で、保証債務を履行する意思を表示していなければ、効力を生じないと定めています。

〈関係図〉

② 1通で作成する方法

ところで、実務上は、甲乙が金銭消費貸借契約を合意し、甲Aが連帯保証契約を合意したときに、甲乙Aの三者が、密接に関連する両方の契約を合体させて1通の契約書の中に規定してしまう方法がよく見られます。

具体的には、金銭消費貸借契約の中の一つの条項として連帯保証条項を挿入する方法で構成するやり方が多いようです。その場合、1通の契約書の中に、連帯保証契約も含まれていることになるので、連帯保証人も、契約当事者として署名捺印しなければならないことになるのです。

〈関係図〉

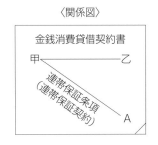

(3) 連帯保証人の署名捺印の注意点

上記のケース研究の「×」のケースでは、連帯保証人Aの署名捺印がないので、別途、甲A間で連帯保証契約が締結されている場合は別として、そうでない限り、このままでは甲はAに対し、連帯保証人としての責任を追及することができないことになります。

したがって、連帯保証人を定める条項がある契約書の場合には、必ず、その連帯保証人となるべき者が署名捺印をしているかどうかを確認する必要があるでしょう。

現実問題として、連帯保証条項があるのに連帯保証人の署名捺印のない契約

書を頻繁に目にします。連帯保証人がいる場合には連帯保証人も署名捺印をしなければならない、という点は、意外な盲点となっているのかもしれません。

9 署名捺印しない者に債務を負わせる条項になっていないか

ケース研究 甲と乙の間の契約書において署名捺印しないAに債務を負わせる旨の条項を規定したケース

○○契約書

甲と乙は、次のとおり契約を締結する。
（中略）

第○条　Aは乙に対し、金100万円を支払う。
（中略）

令和○年○月○日

契約の効力が及ぶべき者の署名捺印がない

甲　　㊞
乙　　㊞
（Aの署名捺印なし）

① 契約書に署名捺印する場合、契約当事者本人が署名捺印しなければなりません。契約の効力は署名捺印した契約当事者に及ぶのです。逆にいうと、署名捺印しない者には契約の効力は及びません。

② ところで、上記のケース研究の「×」は、甲と乙が署名捺印する甲乙間の契約書の第○条において、「Aは乙に対し、金100万円を支払う」と規定しています。Aは、自分の知らないところで乙に対する金100万円の支払債務を負わされた

形になっています。他方、甲と乙は、Aが乙に対し支払うものとして契約しています。

(3) このままでは、甲、乙、Aの間で紛争が生じるおそれがあります。このように、署名捺印しない者に債務を負わせる条項を規定すると、後日の紛争の原因になるのです。

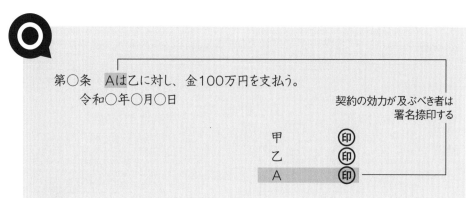

このように、契約書の条項により債務を負担することになるAが署名捺印すれば、Aにも契約の効力が及ぶので、紛争の原因は解消します。契約書をチェックする際には、条文の中で権利関係に関与する人物が全員、署名捺印しているかどうかという点に十分注意してください。

解説

1 署名捺印は契約当事者本人がするのが原則!

契約書には契約当事者が署名捺印する必要があります。契約の効力が及ぶのは署名捺印した契約当事者です。例えば、乙が甲から借金する場合、甲乙間で金銭消費貸借契約が成立することになるので、甲と乙が署名捺印しなければなりません。逆にいうと、署名捺印しない者に対しては契約の効力は及ばないのが原則なのです。

2 署名捺印しない者に債務を負わせる条項は紛争の原因になる!

(1) 署名捺印しない者に債務を負わせる場合

　上記ケース研究の「×」のように、契約書に署名捺印しない者に対して債務を負わせる契約書をよく見かけます。そのようなケースはありえないと思われるかもしれません。しかし、この場合のAは、甲乙と無縁の赤の他人であることは稀であり、甲の身内や知人等親しい間柄である場合がほとんどです。

　そして、甲が、「別途Aに頼めば、嫌とはいわないだろう」、「きっと了解してくれるはずだ」、「大丈夫だろう」等と思って、Aの了解のないまま条項に入れてしまうということが多いようです。

(2) 契約書に登場する人物全員の署名捺印の確認の必要性

　しかし、法律上は、たとえ親しい間柄でも、その本人が契約内容に承諾して署名捺印をしない限り、その者に契約の効力は及ばないのが原則です。

　将来の紛争を回避するために、かつ将来の紛争を解決するためには、契約書の条文に登場する者全員について、署名捺印がなされているかどうかに十分注意することが必要です。

実践的アドバイス 4 　前文には長文型と短文型がある！

1　前文の書き方

　契約書を作成する場合、表題（タイトル）と本文（条文）の間に前文を記載するのが通例です。この前文には何を書くのでしょうか。一般的には、①当事者の表示、②契約の骨子を簡単に書く、というのがポピュラーなパターンです。

　例えば、①は「○○（以下「甲」という。）と△△（以下「乙」という。）は」と書き、②は「甲所有の土地について以下のとおり売買契約を締結する（以下「本契約」という。）」等と書きます。

2　外国の契約書の前文

　前文に何を書くかは特に決まりはありませんので、前文の長短には法的な差異はありません。したがって、契約に至る経緯等を前提事実として当事者間でしっかり確認しておきたいという場合は、前文に盛り込んでもよいでしょう。

　他方、短くても問題ないとはいえ、「当事者は、次のとおり契約する。」という一文だけでは物足りないので、せめて当事者の表示と、契約の骨子は書いたほうがよいでしょう。

　なお、外国の契約書を見ると、前文にいろいろなことが書いてあります。当事者の意向、契約交渉段階でのやりとり、契約締結に至る経緯、契約締結の狙い、契約締結の前提事実、それらに関する事実の保証等も書かれています。初めて外資系企業と取引するときに驚かれた方も多いと思いますが、前文の長短は、契約の効力とは関係ありません。

10 変更契約の当事者は元の契約の当事者全員になっているか

ケース研究 変更契約の当事者が元の契約の当事者全員ではないケース

業務委託契約の変更契約

甲と乙は、甲乙丙丁間の令和2年2月1日付業務委託契約(以下「原契約」という。)第○条について、次のとおり変更する。

第1条　甲と乙は、原契約第○条「甲は、乙、丙、丁の各人に対し、毎月金100万円の業務委託料をそれぞれ支払う。」を「甲は、乙に対し、毎月金300万円の業務委託料を支払い、丙と丁には業務委託料を支払わない。」と変更する。

(中略)

令和3年8月1日

　　　　　　　　　甲　　
　　　　　　　　　乙　　㊞
（丙、丁の署名捺印なし）

→ 契約変更に関係する者すべての署名捺印がそろっていない

---

① 契約書に署名捺印する場合、契約当事者本人が署名捺印しなければなりません。契約の効力は署名捺印した契約当事者に及ぶのです。逆にいうと、署名捺印しない者には契約の効力は及びません。

② ところで、上記ケース研究の「×」の変更契約を読むと、原契約第○条では、「業務委託者の甲が、受託者の乙、丙、丁にそれぞれ毎月金100万円ずつの業務委託料を支払う」ことになっているのを、「甲と乙が、丙丁に内緒で、甲

が乙に毎月金300万円を支払い、丙と丁への支払はなしにする」、という方向に変更しようというものです。それにもかかわらず、丙と丁は署名捺印していないのです。

③ もし、丙と丁が納得していて文句をいわないのであれば、このような書き方でも、法的問題は別論として、現実には紛争は生じないかもしれません。しかし、丙と丁が納得していない場合や丙と丁がまったく知らない場合には、後日の紛争に発展する可能性は高まることになるでしょう。

業務委託契約の変更契約

甲、乙、丙、丁は、甲乙丙丁間の令和2年2月1日付業務委託契約（以下「原契約」という。）第○条について、次のとおり変更する。
第1条　甲、乙、丙、丁は、原契約第○条「甲は、乙、丙、丁の各人に対し、毎月金100万円の業務委託料をそれぞれ支払う。」を「甲は、乙に対し、毎月金300万円の業務委託料を支払い、丙と丁には業務委託料を支払わない。」と変更する。

（中略）

令和3年8月1日

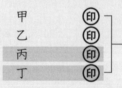

甲　㊞
乙　㊞
丙　㊞
丁　㊞

契約変更に関係する者すべての署名捺印を行う

OK

このように、元の契約書の内容を変更するためには、元の契約書に署名捺印した当事者全員が変更契約の当事者になって変更契約に署名捺印する必要があるのです。そうでないと、変更契約の効力を元の契約書の契約当事者全員に及ぼすことができないのです。

解 説

1 署名捺印は契約当事者本人がするのが原則!

　契約書には契約当事者が署名捺印する必要があります。契約の効力が及ぶのは署名捺印した契約当事者です。逆にいうと、署名捺印しない者に対しては契約の効力は及ばないのです。

2 契約変更は当事者全員で!

(1) 多数の契約当事者が契約を変更する場合の注意点

　多くの契約では当事者は2人です。甲が乙に商品を売却する、甲が乙に建物を賃貸する、甲が乙に業務を委託する等というケースです。しかし、3人以上の多数の契約当事者が登場することもあります。例えば、甲と乙が共有する土地を丙に売却する場合の売買契約の当事者は、甲と乙が売主で、丙が買主となります。また、甲、乙、丙が鼎立した形で当事者として契約することもあります。あるいは、甲と乙が契約を締結する際に、丙が乙の連帯保証人となる場合もあります。

　そもそも契約は、その契約の当事者を拘束するものです。契約当事者が3人以上の多数いる場合には、その契約の内容は、その多数の当事者全員が合意して成立させたものなので、多数の契約当事者全員がその契約に拘束されることになります。

　したがって、そのうちの誰か1人が独断で契約内容を変更することはできません。これは、契約当事者が2人のときに、一方当事者の独断で契約内容を変更することができないのと同じことです。

(2) 多数決による契約変更は不可

　多数当事者間の契約について、過半数の当事者が合意すれば契約を変更することができると誤解している方が意外と多いようです。確かに、法律上は過半数で物事を決定することができる場面もありますが(例えば、株主総会決議等)、契約内容の変更に関してはその考え方は採用されていません。

　契約当事者が多数いる場合に、誰か1人が独断で契約内容を変更することができないのと同様、誰かを除外して残りの過半数の者たちで契約内容を変更することも

できません。契約の変更は、その契約内容に拘束される当事者が全員で行わなければなりません。

例えば、甲、乙、丙、丁が契約当事者となって契約を締結した後に、丁を除外して甲、乙、丙が契約内容を変更した場合、その変更は原則として丁を拘束しません。もし、変更後の内容で丁を拘束しようとすると紛争となるおそれがあります。

(3) 契約変更を当事者全員で行わない場合の背景事情

実際には、「契約変更は、元の契約の当事者が全員で合意して行わなければならない」、ということはわかっていても、現実問題としては難しいので、変更に同意する者だけが集まって変更契約を調印してしまう、ということがよくあります。

また、当事者の1人が遠方に転居していて連絡が困難だからとか、なかなか同意してもらえそうにないからとか、死亡していて相続人を探すのが面倒だから等の理由で、その者を除外して残りの者だけで変更契約を調印するケースもよくあります。

このような対応をすると、後日、変更契約自体の有効性が問題となったり、除外した者に対する変更契約の拘束力如何が問題となり、場合によっては紛争に発展します。

後日の紛争予防のためには、面倒でも、労を惜しまず、当事者全員の合意によって契約内容を変更しなければなりません。

遠方に転居していても、現在は通信手段が発達しているのでさほど支障にはならないでしょう。死亡していた場合には、相続人を探した上で協議をすることになります。

また、契約当事者のほとんどの者が変更に同意しているにもかかわらず、1人が頑固に反対しているときは、そもそも変更の合意が成立していないので、反対する1人を説得する努力をせざるをえないでしょう。

3 ケース研究の分析

上記ケース研究の「×」の場合に、甲が、丙、丁の仕事ぶりに納得できず、丙と丁への業務委託を止めたいと思っているという背景事情があるのであれば、甲は、丙と丁との間で業務委託契約を解消しなければなりません。甲が、それをせずに丙と丁を除外して、乙との間で勝手に丙と丁との関係を変更することはできません。上

記のケース研究の「×」の変更契約は、甲がわざわざ紛争の火種を蒔いているようなものです。

　甲が、丙や丁との間の業務委託関係を解消したいのであれば、丙との間、丁との間で合意解除する等の方法をとるべきでしょう。なお、仮に、丙と丁がすでに納得している場合でも、後日の紛争予防の観点からは、丙と丁を変更契約の当事者に組み込むべきでしょう。

第2章
表現、形式に関するチェックポイント
（細部と侮ることなかれ！）

11 表題(タイトル)と契約内容は合致しているか

ケース研究 表題(タイトル)は売買契約となっているが、契約内容は業務委託契約となっているケース

売買契約書 ──── 表題と内容が合っていない

甲と乙は、次のとおり契約する。
第1条　甲は乙に、本件商品の売買を委託する。
第2条　甲は乙に対し業務委託料として売買代金○％相当額を支払う。

① このケースでは、表題(タイトル)は「売買契約書」となっていますが、第1条と第2条を読むと、「売買という業務を甲が乙に業務委託して、業務委託料を支払う」という内容になっています。つまり、表題は売買契約としていながら、内容は業務委託契約を規定しているのです。

② 売買契約と業務委託契約とは法律的な意味が異なるので、この書き方のままだと、この契約が売買契約なのか、業務委託契約なのかについて当事者間の意見が対立して紛争に発展するおそれがあります。

業務委託契約書 ──── 内容に合った表題にする

甲と乙は、次のとおり契約する。
第1条　甲は乙に、本件商品の売買を委託する。
第2条　甲は乙に対し業務委託料として売買代金〇%相当額を支払う。

OK

この場合、当事者が業務委託契約を締結するつもりであれば、契約内容は業務委託契約の内容になっているので、表題を業務委託契約書に修正するとよいでしょう。

解説

1　契約書の表題は正確に書くべし!

(1) 契約書における表題の意味

契約書を作成する場合、冒頭に表題を書くのが通例です。「売買契約書」とか「賃貸借契約書」等と契約書のはじめに書きます。表題を書かなくても、法律的に契約内容が無効になるわけではありませんが、それがあると見ただけでパッと契約内容やメインテーマをイメージすることができるようになるので大変便利です。いい換えれば、表題は契約内容を解釈する際の一つの目安、指針になっているということです。

もっとも、典型的な契約ではないため、どう表現したらよいかわからない場合や、契約の内容が複雑で一言では表現できない場合、あるいは特に表題にはこだわらない方針の場合には、どのような内容でもカバーできるように、「合意書」とか「覚書」等、特定の契約内容をイメージさせない表題をあえてつけることもあります。いわば、無色透明なイメージの表題を使用して契約書を作成するのです。

しかし、明らかに特定の契約である場合には、契約内容の誤解を避けるためにも契約内容を端的に表現する表題をつけたほうが紛争予防の観点からは好ましいといえるでしょう。

(2) 表題と内容の不一致

　通常は、契約書の表題と内容は合致します。しかし、契約書の表題と契約書の内容が合致していないことも、よくあります。

　例えば、表題が「売買契約書」となっているのに、内容を読むと「賃貸借」になっている、というような場合です。

　では、契約書の表題と内容が合致していない場合、法律上、その契約はどのように解釈されるのでしょうか。表題と内容が矛盾しているから契約は無効とされてしまうのでしょうか。

　この点、契約は、あくまでも各条文に記載された当事者の合意の内容に従って解釈されるのが原則なので、契約内容と表題が合致しないからといって契約が無効となることはありません。その意味では表題は形式的なものにすぎないといえるでしょう。

(3) 表題の重要性

　このように表題は形式的なものであって、契約の中核ではありません。しかし、だからといって、「表題は何でもよい」、とばかりに内容とは無関係な表題をつけるのは、後日の紛争の火種を増やすばかりなので、避けたほうがよいでしょう。

　表題には、契約内容を解釈する際の一つの目安となるという狙いもあるので、後日の紛争予防の観点からは、可能な限り、契約内容に合致した表題をつけるよう工夫すべきでしょう。

2 契約内容に合った表題を (ケース研究)

(1) 売買契約／業務委託契約とは?

　売買契約とは、売主が買主に対し財産権(物の所有権等)を移転し、買主が売主に対してその代金を支払うという合意をすることです(民法555条)。ケース研究の場合、登場人物は甲と乙です。もし、この契約が売買契約だとすると、例えば、甲が売主で乙が買主となり、本件商品の所有権を甲が乙に移転し、乙が甲にその代金を支払うという約束でなければなりません。

　ところが、ケース研究「×」の第1条、第2条を読むと、本件商品の所有権が甲から乙に移転したと解釈することは難しいと思います。

この契約は、本件商品の所有権を甲から第三者に移転させる業務(売買)を甲が乙に委託して(「売買を委託する」)、甲は売買代金○％相当額を業務委託料として乙に支払う(「業務委託料として売買代金○％相当額を支払う」)、という構成になっています。しかも、第1条には「委託する」、第2条には「業務委託料」とあります。したがって、この契約は、売買契約ではなく業務委託契約と解釈するのが合理的でしょう。

(2) 紛争の火種

　ケース研究の場合で、もし当事者が売買契約書を作成するつもりでいた場合には問題は深刻です。もしこのままの形でいた場合、後日、乙が甲に対し、「これは売買契約である。表題にそう書いてあるし、そのつもりで調印した」と主張したのに対し、甲が、「これは業務委託だ、タイトルが間違っている」と反論したら、紛争が勃発します。

　そのような事態を未然に防止するためには、表題と内容を一致させなければなりません。

　例えば、ケース研究の場合、契約内容は業務委託契約と解釈するのが合理的なので、表題を「売買契約書」から「業務委託契約書」に修正すべきでしょう。

12 前文に契約内容の骨子が記載されているか

ケース研究 前文に契約内容の骨子が記載されていないケース

〇〇契約書

　株式会社A（以下「甲」という。）と株式会社B（以下「乙」という。）は、次のとおり契約する。

　　　　　　　　　　　　　　　　　　（以下略）

契約内容が条文を読まないとわからない

① 前文の書き方には法律上の縛りはありません。どのように書いても自由です。前文がなくても契約書としての効力には影響はありません。しかし、通常は、契約当事者とその略称（甲、乙等）を明記し、契約当事者がいかなる契約を締結しようとしているのかの骨子を記載することが多いようです。甲と乙が「次のとおり契約する」という上記の書き方は、前文としては最も簡潔なスタイルであり、契約内容が少ない場合にはこれで問題はありません。

② しかし、契約内容が複雑で多い場合には(何十条もある契約書や、何十頁もある契約書等)、第1条から読み始めても何の契約なのかが判然としないかもしれません。タイトルで契約内容が明確になっていればよいのですが、タイトルも漠然としていると、最後まで条文を読んで初めて契約のイメージがわかる等ということにもなりかねません。その挙げ句、当事者間で契約内容の理解に齟齬が生じるかもしれず、紛争に発展するおそれがあります。

○○契約書

株式会社A（以下「甲」という。）と株式会社B（以下「乙」という。）は、甲の商品販売業務を乙に委託することに関し、次のとおり契約する。
前文に契約内容の骨子を記載すると伝わりやすい

　このように、前文の中に契約内容の骨子を記載しておくと、契約内容の誤解を回避することができ、紛争予防、紛争解決という契約書作成の目的にも沿うことになります。

解説

1 前文の意味

　契約書には通常、前文が書かれていますが、契約書には前文を記載しなければならないと法律で決められているわけではありません。前文を書かない契約書も有効ですが、通常は、当事者や契約内容を簡潔に紹介する形で記載するのが一般的です。

　前文には、当事者や契約内容の骨子を簡潔に明示するという機能があり、それによって紛争予防に資する効果もあります。ケース研究の「×」の書き方は、契約内容の骨子に触れていない点が物足りないでしょう。

2 前文の構成

(1) 当事者の名称

　前文の冒頭に、契約する当事者を主語にして表示します。「○○○○と△△△△は～」という形で表記することが一般的です。

(2) 当事者の略称

　当事者の名称が簡潔に表記できる場合はよいのですが、通常、契約書の条項の中で何度も当事者の名称を繰り返し表記するのは煩雑です。似たような表記の場合は混乱するおそれもあります。そこで、甲、乙等の略称を使用することが一般的です。

　例えば、「○○○○(以下「甲」という。)」という形で表現します。前文の中でこの略称使用を指定した場合は、その後の条文ではすべて略称で表記することになります。

(3) 契約内容の骨子

　当事者が、どのような契約を締結するのかを一目瞭然とするために、契約内容の骨子、要点、概要等を書くことをお勧めします。契約内容の骨子ですから、売買、賃貸借、業務委託等の法律用語を使用すると、何に関する契約なのかがすぐにわかるので、便利でしょう。

13 | 契約締結の日付欄は空欄になっていないか

ケース研究 | 契約締結の日付欄の記載がないケース

（契約締結日欄）　　令和○年　　　月　　　日 ──── 日付が空欄になっている

① 契約書の日付欄（契約締結日）を空欄のままにしてある契約書が少なくありません。「契約締結の日付が空欄でも、特に問題はないであろう」と軽視している方が多いようです。しかし、日付欄は法律上、重大な意味がありますので、注意してください。

② 例えば、債権の消滅時効が問題となった場合、「時効期間の起算点は、いつなのか」は重大なポイントとなります。そして、その起算点を確定するためには契約の成立時期が重要な鍵となることがあります。日付欄を空欄のままにしておくことは、あえて紛争の原因を作り出して放置していることと同じなのです。

（契約締結日欄）　　令和○年○月○日 ──── 日付を必ず記載する

将来の紛争を予防するためにも、契約締結日の日付欄は必ず記載するようにしましょう。

解説

1 契約書の日付欄の意味

(1) どこに日付欄を設けるか?

契約書には通常、日付欄がありますが、どこに日付欄を設定するかについては特に法律上の規制はありません。多くの契約書では、まず表題(タイトル)を書き、次に前文を書き、その後に契約内容(条文)を記載し、その次に成立を証する文言を記載し、最後に契約締結日の日付欄と当事者の署名捺印欄を設けるという構成になっています。

(表題)　　○○契約書
(前文)　　甲と乙は、次のとおり契約する。
(条文)　　第1条〜
　　　　　　　：
(成立を証する文言)　　本契約の成立を証するため、本書2通を作成し、甲乙
　　　　　　　　　　　　署名捺印の上、甲乙1通ずつ保有する。
(日付欄)　　令和○年○月○日
(署名捺印欄)　　甲　㊞
　　　　　　　　乙　㊞

他方、表題の次に日付欄、当事者署名捺印欄を設ける場合もあります。

(2) 日付欄に記載する日

この契約締結日の日付欄は、通常は合意が成立した日(契約締結日)を記載しま

す。現実に調印した日を記載することが多いようですが、合意成立の日を、現実に調印した日ではなく後日の特定の日とすることで当事者が同意した場合は、その将来の特定の日を日付欄に記載することもあります。

　また、口頭の合意がすでに成立して取引が開始した後になってから、契約書の書面を作成するという場合には、日付欄は現実に口頭の合意が成立した日を記載することもあります。

2　日付欄が空欄の場合の危険性

(1) 日付欄が空欄の契約書が存在する理由

　他方、日付欄を空欄にしてある契約書も少なくありません。おそらく日付欄を空欄にしても特段の問題が生じないと考えた結果、そうなっているのかもしれません。つまり、日付欄が空欄であっても署名捺印があれば当事者間に合意が成立したことは明白であり、いつ調印したかは別の方法（メモ、日記等）で確認すれば十分であるから、日付欄が空欄でも何の問題もないではないか、ということかもしれません。

(2) 時効期間の起算点

　しかし、法律上、いつ契約が成立したかが大きな争点となる場合があります。例えば、消滅時効が問題となったときに、時効期間の起算点がいつなのかは重大なポイントとなりますが、その時効期間の起算点を確定するためには契約がいつ成立したかが重要な鍵となる場合があります。そのときに、日付欄が空欄となっていると、他の証拠をもって契約成立日を立証しなければならなくなり、紛争が拡大してしまいます。

　つまり、日付欄を空欄のままにしておくことは、紛争の原因を作り出して放置していることと同じなのです。

　将来の紛争を回避するために、紛争の拡大を防止するために、契約書の日付欄は必ず記載するようにしてください。

14 引用する別契約は特定されているか（複数の別契約が同時に存在する場合）

| ケース研究 | 複数の別契約が同時に存在するのに、引用する別契約が特定されていないケース |

　　　　　　　　　　　合　意　書　　　　「どの契約か」が特定できない

　甲と乙は、甲乙間の商品売買契約に関し、次のとおり合意する。
　第1条　甲と乙は、甲乙間の商品売買契約を本日、合意解除する。

① この合意書を読むと、文面からは特段の違和感はありません。文面上は法的問題点がなさそうです。

② しかし、もし、甲と乙が商品取引の基本契約を締結していて、それに基づいて個別の商品売買契約を多数締結していたらどうでしょうか。

③ 甲と乙がそのうちの一つの個別商品売買契約を合意解除しようとして、上記のような合意解除の合意書を調印すると、大変なことになります。上記の合意書では、「（合意解除するのは）多数の個別商品売買契約のうちの一つ」という特定がされていないのです。

④ つまり、このケースで上記のような合意書を調印すると、「甲乙間の多数の個別商品売買契約がすべて合意解除された」と読むことができてしまうのです。このままでは、紛争の原因となってしまいます。

> 合　意　書　　　　契約締結日を示して、引用契約を特定する
>
> 　甲と乙は、甲乙間の令和○年○月○日付商品売買契約(以下「本契約」という。)に関し、次のとおり合意する。
> 第1条　甲と乙は、本契約を本日、合意解除する。

OK

① もちろん、甲と乙が、ケース研究の「×」の合意書を調印した後もずっと、合意解除がそのうちの特定の一つにすぎないことで意見が一致していれば、問題にはなりません。しかし、例えば、乙が甲との全取引を解消したいと考えた場合に、乙はこれを奇貨として全契約の解消を主張する可能性があり、そうなると紛争に発展するおそれがあるのです。

② そこで、このケースでは、合意解除する契約を特定することによって、紛争の発生を未然に予防する必要があります。例えば、「甲乙間の令和○年○月○日付商品売買契約」というように契約締結日をもって特定するとよいでしょう。ちなみに、この場合、「(以下「本契約」という。)」という形で略語を使用するとその後の引用に便利です。

　将来の紛争を予防するためにも、引用する別契約は必ず特定しましょう。

解　説

1 別の契約を引用するときは特定する!

(1) 引用する別契約を特定することの重要性

　契約書の中で、他の別の契約を引用することがあります。例えば、既存の契約の一部を修正、変更するようなケースです。その場合、引用する契約を特定しないと、「どの契約の、どの条文を修正、変更するか」がわかりません。

　当事者間に契約が一つしかない場合には、現実問題として紛争となる可能性は低いでしょう。しかし、当事者間に複数の契約が同時に存在する場合には、どの契

約かを特定しないまま変更契約を締結してしまうと、どの契約を変更したかが曖昧となり、後日、紛争となるおそれが大きいでしょう。

例えば、甲と乙の間に商品取引に関する複数の契約が同時に存在し、そのうちの一つの取引に関する契約を修正しようとする場合に、どの取引かを特定しないまま修正契約を締結すると、甲と乙との間で、「どの契約の修正なのか」について後日紛争となる可能性があるのです。

(2) 引用する契約の特定方法

契約を特定する方法については、法律で特に要件が決まっているわけではありません。引用する契約を特定するのは、後日の紛争の予防のためですから、別の契約と混同、誤解がない程度に区別することが必要です。

具体的には、当事者、契約締結日、契約書の表題(タイトル)、契約内容等で特定するのが一般的です。例えば、「甲と乙との間の令和2年8月1日付売買契約」とか「丙丁間の令和2年7月1日付〇〇ビル賃貸借契約書」等という形で特定するとよいでしょう。

2 特定が不十分となる原因とその対策

(1) 複数の契約が存在するパターン

既存の複数の契約のうちの一つを変更する場合、どの契約を変更するかの特定が不十分となりやすいので注意しましょう。

複数の契約が存在する場合にも、①複数契約が同時に存在する場合と(基本契約に基づく複数の個別契約が現在進行形で存在するケース等)、②複数契約が異なる時点で存在する場合(当初の契約につき数回の変更契約があったケース等)があります。本設問のケース研究は、①の例です。

(2) 特定が不十分になる原因

それでは何故、契約を引用する際に特定が不十分になるのでしょうか。例えば、契約書を作成する際に、当事者は「当然わかっていることだからわざわざ書く必要なし」と思って、特定する必要性を感じなかったり、「いちいち引用するのが面倒だ」と

思って特定を省略したりすることがよくあります。
　しかし、契約書というのは、後日の紛争予防、紛争回避のために作成するものですから、契約書を作成する際に「当然わかっていること」とか「面倒だ」という考えは禁物です。後日の紛争予防のためには、当然わかっていることでも、面倒なことでも、労を惜しまず特定して引用する必要があります。

15 引用する別契約は特定されているか（複数の別契約が同時に、かつ異なる時点にも存在する場合）

ケース研究	複数の別契約が同時に、かつ異なる時点にも存在するのに、引用する別契約が特定されていないケース

賃貸借変更契約

　甲と乙は、建物賃貸借契約を次のとおり変更する。ただし、もう1件の建物賃貸借契約は変更しない。
第1条　建物賃貸借契約第3条の賃料はすでに金○○円に変更しているが、これをさらに金○○円に変更する。

複数の契約のうち「どの契約なのか」「いつの内容なのか」が明確でない

① この賃貸借変更契約の前文を読むと、甲と乙の間には、建物賃貸借契約が2件あることがわかります。しかし、この書き方では、どちらの賃貸借契約を変更し、どちらの賃貸借契約を変更しないのかがまったくわかりません。変更する対象となる賃貸借契約を特定する必要があります。

② また、第1条を読むと、変更対象となる建物賃貸借契約の第3条はすでに変更されていることがわかります。そうすると、そのときの変更の元となった（変更対象だった）建物賃貸借契約第3条はすでに変更されているので現在は失効しています。にもかかわらず、この第1条では、失効したはずの条文を前提にしてさらに変更しようとしています。しかし、これは法的に疑問の残る書き方です。すでに変更した形で存在する変更契約の方を、さらにこの契約をもって新たに変更

しなければならないからです。

この書き方のままでは、紛争の原因となってしまいます。

賃貸借変更契約　　　　契約を特定し、変更についても明示する

甲と乙は、甲乙間の令和2年1月1日付建物賃貸借契約（以下「原契約」という。）を次のとおり変更する。ただし、もう1件の甲乙間の令和2年2月1日付建物賃貸借契約は変更しない。

第1条　原契約第3条の賃料は甲乙間の令和2年4月1日付変更契約をもってすでに金○○円に変更しているが、これをさらに金○○円に変更する。

　この場合、前文の2件の建物賃貸借契約を特定して区別し、第1条ですでに変更したといっている最初の変更契約を特定して、その変更契約をさらに変更するという形にしないと意味が通じません。そこで、その方向で意味が通じるように各契約を特定する方向で修正するとよいでしょう。

　将来の紛争を予防するためにも、引用する別契約は必ず特定しましょう。

解説

1　別の契約を引用するときは特定する!

(1) 引用する別契約を特定することの重要性

　契約書の中で、他の別の契約を引用することがあります。例えば、既存の契約の一部を修正、変更するようなケースです。その場合、引用する契約を特定しないと、どの契約のどの条文を修正、変更するかがわかりません。当事者間に契約が一つしかない場合には、現実問題として紛争となる可能性はほとんどないでしょう。しかし、当事者間に複数の契約が存在する場合には、どの契約かを特定しないまま

変更契約を締結してしまうと、どの契約を変更したかが曖昧となり、後日、紛争となるおそれが大きくなります。

例えば、甲と乙の間に商品取引に関する複数の契約が同時に存在し、そのうちの一つの取引に関する契約を修正しようとする場合に、どの取引かを特定しないまま変更契約を締結すると、甲と乙との間で、どの契約の修正なのかについて後日紛争となる可能性が生じます。

ケース研究「×」では、複数の契約がある上、変更契約まであり、どの時点でのどの契約内容かを特定しないと、当事者同士の理解が食い違ってしまうことにもつながりかねません。

(2) 引用する契約の特定方法

契約を特定する方法については、法律で特に要件が決まっているわけではありません。引用する契約を特定するのは、後日の紛争の予防のためですから、別の契約と混同、誤解がない程度に区別することが必要です。

具体的には、当事者、契約締結日、契約書の表題(タイトル)、契約内容等で特定するのが一般的です。例えば、「甲と乙との間の令和2年12月1日付売買契約」とか「丙丁間の令和2年3月1日付○○ビル賃貸借契約書」等という形で特定することになります。

2 特定が不十分となる原因とその対策

(1) 複数の契約が存在するパターン

既存の複数の契約のうちの一つを変更する場合、どの契約を変更するかの特定が不十分となりやすいので注意しましょう。

複数の契約が存在する場合にも、①複数契約が同時に存在する場合(基本契約に基づく複数の個別契約が現在進行形で存在するケース等)と、②複数契約が異なる時点で存在する場合(当初の契約につき数回の変更契約があったケース等)があります。本設問のケース研究は、①と②が混在した事例です。

(2) 特定が不十分になる原因

　それでは何故、契約を引用する際に特定が不十分になるのでしょうか。例えば、契約書を作成する際に、当事者は当然わかっていることだからわざわざ書く必要なしと思って、特定する必要性を感じなかったり、一々引用するのが面倒だと思って、特定を省略したりすることがよくあります。

　しかし、契約書というのは、後日の紛争予防、紛争回避のために作成するものですから、契約書を作成する際に「当然わかっていること」とか「面倒だ」という考えは禁物です。後日の紛争予防のためには、当然わかっていることでも、面倒なことでも、労を惜しまず特定して引用する必要があります。

16 主語は明記されているか

ケース研究 主語が省略されているケース

第○条　本契約に基づく費用を負担する。
第△条　本契約は解除することができる。

主語がないので解釈が多様化してしまう

① この二つの条文は、いずれも主語が書かれていません。例えば、甲と乙が契約を締結する場合、第○条の書き方では、「甲と乙のどちらが費用を負担するのか」がわかりません。「甲と乙がそれぞれ自分の債務の履行に要する費用を自己負担する」という趣旨である可能性もあります。

② 同様に、第△条の書き方では、「甲と乙のどちらが解除することができるのか」がわかりません。「甲と乙が協議して合意解除することができる」という趣旨である可能性もあります。

③ このように、主語が書かれていない場合や主語が曖昧な場合には、条文の解釈に多様性が生じてしまい、後日の紛争の原因となってしまいます。

第○条 甲は、本契約に基づく費用を負担する。
第△条 甲または乙は、本契約を解除することができる。

主語を明記する

　このように、主語を明記しておけば、解釈の選択肢が広がって紛争の原因となるおそれはなくなります。

解説

1　主語は明記せよ!

(1) 主語を明確にすることの重要性

　契約書の条文を作成する場合、「誰が、誰に、いつ、どこで、何を、どうする」、という点を明示しなければなりません。それらが不明確だと法律関係や法律上の効果が決まらず、紛争の原因となってしまいます。

　特に、主語を明確にする、という点が非常に重要です。ところが、現実には、主語が省略された条文、主語が曖昧な条文が驚くほど多くあります。日本語は、会話や文章において主語を省略することが多いので、契約書を作成する際も、つい日常感覚で書いてしまい、主語をあまり意識しないからではないかと推察されます。

(2) 契約書と日記、手紙との相違

　しかし、契約書は、日記や手紙ではなく、当事者間の法的な債権債務関係や法律効果を定める重要な書類です。将来の紛争予防、紛争解決に役立てるためにも、契約書の条文は、誤解の余地のないように明確に記載することが必要なのです。主語が書かれていないという条文は、まさに誤解の余地のある条文そのものなのです。

2 主語を省略すると紛争の火種となる!

　上記ケース研究の「×」の第〇条は、主語が記載されていないので、「誰が費用を負担するか」が不明になってしまいます。このままでは、多額の費用が発生した場合に、それを当事者のどちらが負担するかで紛争になってしまいます。

　また、上記ケース研究の「×」の第△条も、主語が記載されていないので、「誰が解除することができるか」がまったくわかりません。当事者それぞれが、「当事者の一方が解除できる」とか「当事者が協議して解除できる」等と自分の都合で勝手に考えることができてしまい、後日になって紛争の原因となることは必至です。

　紛争予防という観点からは、契約書の条文には、法律上の疑義が生じないように、必ず主語を明記することが重要です。

> **実践的アドバイス 5**
>
> 当事者双方が主語となるはずなのに一方当事者だけが主語となっている場合は要注意!

❶ 通常の条文は一方当事者だけを主語とする

　契約書の条文は、「誰が、何を、どうする」という形で規定されているのが普通です。契約が成立することによって当事者それぞれについて債権債務が発生します。そこで、契約書では、「誰がどういう債権を有し」「誰がどういう債務を負担するのか」を条文ごとに記載していくのです。

　その結果、多くの条文は、当事者の片方を主語としてその者の債権、債務について規定する形になるのです。

❷ 当事者双方が主語となるケース

　他方、条文の内容如何によって、当事者の双方が主語となって規定する場合もあります。例えば、当事者の一方に一定の事由が生じた場合における他方当事者による解除権や損害賠償請求権を定める場合がこれに当たります。このような場合は、当事者双方を主語としないとアンバランスで不公平だからです。

❸ 当事者双方が主語となるはずのところを一方だけが主語となっているケース

　ところが、現実には、当事者双方が主語となるはずのところを、一方当事者だけが主語となっている条文がよくあります。例えば、「甲は、乙に次の事由があった場合、本件契約を解除することができる。」とか「甲は、〜の場合には乙に対し損害賠償を請求することができる。」等という条文です。

　解除権や損害賠償請求権は、法律上は当事者双方がそれぞれ相手方に対して行使することができるのが原則です（民法541条、415条参照）。ところが、これらの

条文は、甲にだけ解除権や損害賠償請求権を認めています。つまり、これらの条文について、法律上乙にも認められている解除権や損害賠償請求権を、契約によってあえて否定した特約であるという解釈が成り立ちます。

現実に、このような条文が規定されているのは、甲と乙の力関係によって甲だけに有利な条文を定めたというケースもありますが、単なる検討不足の結果として乙が主語から漏れているのを見逃したケースもあります。前者であれば、乙も不利を承知の上なので構いませんが、後者の場合には、後日になって乙は、自己に不利な条文のまま契約したことに大いに後悔することでしょう。

後日になってから自己に不利な条文だったと気づいて青ざめることのないように、契約書に調印する前に、契約書の各条文を十分にチェックしなければなりません。

17 「甲および乙」と「甲または乙」は区別されているか

| ケース研究 | 「甲および乙」と「甲または乙」を区別せずに使用しているケース |

第○条　甲および乙は、本契約を解除することができる。

「and」の意味に読むことができてしまうが、それでよいか

① この条文は「甲および乙」が主語となっています。そうすると、甲と乙が一緒になって（甲and乙）共同作業で解除することができる、つまり甲乙の合意によって契約を解消する、いわゆる「合意解除」を規定したものと読むことが可能となってしまいます。もし、この条文が合意解除を規定したのであれば、このままでも構いません。

② しかし、この条文によって、当事者の一方が（甲or乙）相手方の了解を得ずに契約を一方的に解除する旨を規定したいのであれば、主語は「甲および乙」ではなく「甲または乙」とすべきでしょう。

この条文の書き方のままでは、当事者間に、合意解除なのか一方的解除なのかについて解釈の対立が生じるおそれがあり、将来の紛争の原因となってしまいます。

第○条 　甲または乙は、本契約を解除することができる。

「or」の意味であることを明確にする

　このように「甲または乙」を主語とすれば、甲または乙のどちらか一方が相手方の意向にかかわらず解除することができることになります。後日の紛争を回避するためにも、「甲および乙」と「甲または乙」の区別を意識することが必要です。

解説

1 ｜「甲および乙」と「甲または乙」は区別する！

(1) 主語の重要性

　契約書の条文を作成する場合、「誰が、誰に、いつ、どこで、何を、どうする」という点を明示しなければなりません。それらが不明確だと法律関係や法律上の効果が決まらず、紛争の原因となります。

　特に、主語を明確にする、という点が非常に重要です。ところが、甲と乙が当事者の場合に、主語を「甲および乙」とするか「甲または乙」とするかについて、両者を区別せずに無造作に条文を作成しているケースがよくあります。この区別を意識しないで条文を作成すると、後日の紛争の原因となりますので、注意が必要です。

(2)「甲および乙」と「甲または乙」の違い

　契約当事者が甲と乙のときに、主語を「甲および乙」と記載するということは、「甲and乙」が主語であるという意味になります。つまり、主語を「甲および乙」とすることは、甲と乙が二人一組になって共同歩調で行動するということ、逆にいうと、単独行動はできないということになります。「主語＝甲＋乙」なのであり、「主語＝甲」でもなく「主語＝乙」でもないのです。

　他方、主語を「甲または乙」と記載するということは、主語が「甲or乙」という意味に

なるので、甲か乙かどちらか一人が単独行動できるということになります。この場合は、「主語＝甲」か「主語＝乙」のいずれかの選択となります。

2 区別しないと紛争の火種となる！

(1) 区別の重要性
「甲および乙」でも「甲または乙」でも、大した違いはない、場面に応じて臨機応変に「and」か「or」かを選択して解釈すればよいではないか、と思う方もいるかもしれません。

しかし、紛争予防という観点からは、契約書の条文は、法律上の疑義が生じないように、極力、一義的に・確定的に・明確に書かなければなりません。ある法律効果を生じさせるために、「甲と乙が共同歩調で行動しなければならない」というのと、「甲か乙のいずれか一人の単独行動でも足りる」というのでは、法律上まったく意味が異なるのです。

(2) 紛争の一例
この区別に無頓着なまま条文を作成すると、後日、当事者間で紛争に発展するおそれがあります。

例えば、甲が、当事者の一人が相手方の意向にかかわらず一方的に契約を解除することができるようにしたいという意図で、「甲および乙は、本契約を解除することができる。」という条文を作成した場合を考えてみます。

甲は、自分が一方的に契約を解除できると考えているので、乙の意向にかかわらず某日、契約を解除するかもしれません。ところが、ここで乙が、「この条文は主語が『甲および乙』となっているから『合意解除』を規定したものである。乙の了解なしになされた甲の一方的な解除は無効である」と反論したらどうなるでしょうか。突如として、甲と乙との間で解除の有効性について法的紛争が生じてしまいます。

このような紛争を未然に防止するには、「甲および乙」か「甲または乙」かの区別を意識して条文を作成することが重要です。

18 用語は統一して使用されているか

ケース研究 用語を統一せずに使用しているケース

第○条　本件契約の有効期間は売買契約締結の日から1年間とする。

　　　　　　　　　　　　同じ契約を指すのか否かがわからない

　この条文は、「本件契約」と「売買契約」の用語を同一の契約を示す意図で使用しているケースです。しかし、わざわざ文言が異なる用語をあえて使用しているのだから異なる意味ではないか、という解釈の余地が残ってしまうので、後日の紛争の原因となりかねません。

第○条　本件契約の有効期間は本件契約締結の日から1年間とする。

　　　　　　　　　　　　用語を統一し、同じ契約を指すことを明確にする

　このように用語を統一すれば、異なる解釈の余地がなくなり、後日の紛争を回避することができます。

解説

1 │ 同じ意味の用語は用語を統一して使用する！

(1) 用語を統一することの重要性

　契約書の条文を作成する場合、同じ意味を表す用語は一つの用語で統一して使用することが重要です。もし、異なる字面であるにもかかわらず同じ意味で使用すると、解釈の幅や選択肢が広がってしまい、後日の紛争の原因となりかねません。

(2) 契約書作成の意味と用語の統一使用の必要性

　契約書の条文は、できるだけ解釈の幅、解釈の選択の余地が小さくなるようにして作成することが重要です。そもそも契約書は、後日の紛争を予防し紛争を回避するために作成するものであり、そして、仮に後日紛争が起きた場合であっても紛争が拡大しないよう紛争解決の指針を定めておくために作成するものなのです。

　そうであれば、契約書の条文に使用する用語は、誰が読んでも同じ意味になるように、つまり解釈の幅、解釈の選択の余地を残さないように使用することが必要となります。もし、読む人によって異なる意味に解釈できるような用語の使い方をしてしまうと、紛争の予防、紛争の回避、紛争の解決という契約書作成の目的が果たせなくなってしまいます。

2 │ 用語を統一しないと紛争の火種となる！

(1)「本件契約」と「本契約」

　例えば、その契約自体を指す用語として「本件契約」とか「本契約」という用語を使用することがよくあります。「本件契約」と「本契約」が一つの契約書に登場しても、「これが同じ意味だということは明白であり、用語が異なっても何の問題もないではないか」と思う人もいるかもしれません。

　では、一つの契約書の中に、「本件契約」、「本契約」、「契約」、「原契約」、「現契約」、「この契約」、「今回の契約」等が登場したらどうでしょうか。当事者間に契約が一つしか存在しない場合であれば、問題にはならないかもしれません。しかし、当事者間に複数の契約が存在した場合には、「本件契約」はどの契約を指

すのか、「契約」とはどの契約の意味なのか、について解釈が分かれてしまいます。その結果、後日になって当事者間で条文の意味について解釈が対立し、紛争に発展するおそれがあります。

(2)「**本件不動産**」と「**本件土地**」と「**本件物件**」

　例えば、不動産の売買契約書には、「本件不動産」、「本件土地」、「本件物件」等の用語が頻繁に登場します。一筆の土地が売買の対象となっている場合であれば、それを「本件不動産」といっても「本件土地」といっても「本件物件」といっても、特に問題とはならないでしょう。

　しかし、売買の対象が複数の土地と建物だったらどうでしょうか。契約書を作成する段階では「本件不動産」と「本件土地」を同じ意味で使用したつもりであっても、条文上は異なる意味に解釈する余地が出てきてしまいます。「『本件不動産』には土地の他に建物も含まれるのではないか」という解釈の可能性が生じるのです。その結果、後日になって当事者間で条文の意味について解釈が対立し、紛争に発展するおそれがあります。

　したがって、紛争を未然に防止し、かつ、紛争の解決指針を示すという契約書作成の目的を達成するためには、同じ意味を指す用語は統一して使用することが重要となるのです。

19 用語の意味は確定しているか（曖昧な用語を使用していないか）

| ケース研究 | 意味が曖昧な用語を使用しているケース |

第○条　甲は、乙が次の条件を満たしたときは<u>優遇措置</u>を講ずる。

具体的な内容がわからない

　この条文の「優遇措置」とは具体的に何を意味しているのか曖昧で、不明瞭です。乙が支払うべき何らかの代金額を減額するというのか、甲が支払うべき対価を増額するというのか、あるいは今後の取引関係において乙に対してサービスをするというのか、この条文を読んでもまったくわかりません。これでは、後日、当事者間で何が優遇措置かで紛争となりかねません。

第○条　甲は、乙が次の条件を満たしたときは<u>報酬額を10%増額する</u>。

具体的に内容を示す

　後日の紛争を予防するためにも、当事者間で疑義が生じないように曖昧な用語は使用しないほうがよいでしょう。

解説

1 用語の意味は確定すべし！

(1) 契約書作成の意味
　契約書は、思い出や記念品として作成するのではありません。契約書を作成するのは、後日の紛争を予防するためであり、また、いざ紛争が生じてしまったときには解決の指針とするためなのです。

(2) 曖昧な用語の危険性
　したがって、契約書の中で使用する用語の意味は可能な限り確定しておく必要があります。その用語の意味自体が曖昧で、さまざまな意味に解釈することができるのでは、その用語の存在自体が紛争の原因となってしまいます。

2 曖昧な用語は紛争の火種となる！

(1) 複数の解釈が成り立ってしまう用語
　曖昧な用語の中には、複数の解釈が成り立ってしまうことがあります。例えば、上記ケース研究の「優遇措置」のように、用語が抽象的な表現のために、具体的に何を指すかが曖昧で読む人によって複数の解釈が成り立ってしまうケースです。

(2) 曖昧な日常用語
　日常会話で使用する言葉の中には、「何となく意味がわかるようでいて、実は曖昧な言葉」というものがあります。日常会話としてはそれでもよいのですが、それを契約書の中で使用すると紛争の原因となりかねないものがあります。

　例えば、「ニーズ」、「イメージ」、「オーダー」、「IT」、「パートナー」、「ブランド」、「仕事」、「業務」、「営業」、「運営」、「事業」等の言葉が契約書の中で無造作に使用されることがよくあります。これらはいずれも後日、当事者間で解釈が分かれて紛争に発展する可能性が大きい言葉といえます。「ニーズに叶っていない場合は、契約解除となる」等と書いてあっても、その「ニーズ」とは何を指すのかいようにも解釈できてしまうからです。

3 曖昧な用語は使用せずに別の言葉でいい換える!

　将来の紛争を回避するためには、曖昧な用語は可能な限り使用しないように注意してください。例えば、「これは曖昧な用語かもしれない」と思ったときには、別の言葉に置き換えていい換えてみる努力が必要です。

　紛争を未然に防止するには、曖昧な用語を使用しないよう十分注意しなければなりません。

> 実践的アドバイス 6

個人商店が大企業の契約書の書式を使うのは危険！

1 大企業と個人企業の違い

　個人商店が、大企業の使用するような契約書の書式、雛形を利用する場合、組織や経営規模の違いを十分に認識した上で、各条文をアレンジすることが必要です。

　例えば、大企業の多くは会社法に基づく株式会社であり、株主総会、取締役会等の機関によって意思決定、業務執行をし、そのための内部手続が必要とされます。その契約書も会社法の規律に従って各条文が規定されています。

　他方、個人商店は、法律上は個人営業であり株式会社のような法人組織になっていません。したがって、そもそも会社法の適用がないのです。

2 個人商店が大企業の契約書の書式を利用する場合の危険性

　そのような会社法の規律に従って規定された大企業向けの契約書の雛形、書式を、株式会社でもない個人商店が、契約書のタイトルだけに着目してそのまま流用すると、法律上間違った契約書ができあがってしまいますので、十分注意してください。

　現実に、個人商店と個人の間の財産譲渡契約書の中で、個人商店において株主総会の承認や取締役会の決議をすべき旨を定めているケースの相談を受けたことがありました。

20 業界用語、専門用語を安易に使用していないか

ケース研究　業界用語を安易に使用しているケース

第○条　甲は、乙に対し、パッケージハウスを提供する。
　　　　　　　　　　　　　│
　　　　　　　　業界用語は概念が不明確になりやすい

　この条文の「パッケージハウス」という言葉は、例えば、建築資材業界では住宅建築資材等を表現するものとして使用されているようです。しかし、部外者にはよくわかりません。また、担当者レベルでも正確に意味を確認して使用しているケースは少なく、何となく業界の共通認識程度の意識で使用していることが多いようです。
　そうすると、後日になって、その意味について紛争になるおそれが残ってしまいます。「パッケージハウス」という言葉について当事者双方の理解が概ね重なっていても、その言葉の包含する範囲の限界においては両者の解釈が異なってくるおそれは十分あるのです。これでは、せっかく契約書を作成しても、将来の紛争の原因となりかねません。

第○条　甲は、乙に対し、パッケージハウスを提供する。ここでいうパッケージハウスとは　〜　のことをいう。
　　　　　　　　　　│
　　　　用いる業界用語の意味を明記する

後日の紛争を予防するため、言葉の意味で疑義が生じないように、業界用語や専門用語を使用する場合にはその意味を明記すべきでしょう。

解説

1　用語の意味は確定すべし!

(1) 契約書作成の意味

　前述のとおり、契約書は、思い出や記念品として作成するのではありません。契約書は、後日の紛争を予防するため、また、いざ紛争が生じてしまったときには解決の指針とするために作成するものなのです。

(2) 曖昧な用語の危険性

　したがって、契約書の中で使用する用語の意味はできるだけ確定しておくことが望ましいといえます。その用語の意味自体が曖昧で、さまざまな意味に解釈することができたり、意味の範囲が明確でない場合、その用語の存在自体が紛争の原因となってしまいます。

(3) 業界用語、専門用語の落とし穴

　このことは業界用語、専門用語についても当てはまります。ある業界で仕事をしている方々にとっては、その業界で日常的に使用されている業界用語、専門用語については、何の説明もなく互いに一言で意味が通じるものです。それが業界用語、専門用語の便利な点です。

　ところが、その業界から一歩外に出ると、業界用語、専門用語は通じません。説明が必要になります。また、業界内でも立場によっては、意味が微妙に異なるおそれもあります。

　しかも、業界用語は、往々にして、「細部は正確ではないけれども、関係者がそれによって概要を端的に把握することができる」という機能が重視されて使用されているものも多くあります。

2 業界用語、専門用語は紛争の火種となる!

　このように業界用語、専門用語は、その業界内においては一言で意味が通じる便利な言葉ですが、業界の外では非日常的な用語として説明が必要となる、という点を強く認識してください。

　また、業界用語は端的に概要を伝えるという機能がありますが細部については概念が不明確なことも多いので注意が必要です。業界用語や専門用語を無造作に契約書の中で使用すると、後日の紛争の原因となるおそれがあります。

　そこで、業界用語、専門用語を契約書の中で使用する際には、後日の紛争を回避するためにも、その意味を説明することが必要となるでしょう。

　そして、もし、一般的な言葉に置き換えることが可能であれば、あえて業界用語や専門用語を使用する必要はないでしょう。

21 法律用語は正確に使用されているか

| ケース研究 | 法律用語が正確に使用されていないケース |

第○条　甲は、乙に破産宣告があった場合、本契約を解除することができる。
　　　　　　　　　↑
　　　　　法律用語が正確ではない

この条文の「破産宣告」という言葉は改正前の破産法の用語で、現行破産法では「破産手続開始決定」という用語に変更となっています。この条文のままだと、「旧破産法の破産宣告があった場合には解除可能」という解釈、つまり、「現行破産法の破産手続開始決定があった場合には解除できない」という解釈が成り立ってしまいます。このままでは、将来の紛争の原因となってしまいます。

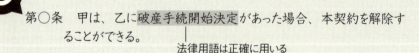

第○条　甲は、乙に破産手続開始決定があった場合、本契約を解除することができる。
　　　　　　　　　↑
　　　　　法律用語は正確に用いる

後日の紛争を予防するため、法律用語は正確に使用しましょう。誤った使用をすると、条文の意味がまったく異なってしまうおそれがあります。

解 説

1 法律用語は正確に使用すべし！

(1) 契約書作成の意味

　契約書を作成するのは、後日の紛争を予防するためであり、また、いざ紛争が生じてしまったときには解決の指針とするためです。契約書は、思い出や記念品として作成するのではありません。

(2) 不正確な法律用語の危険性

　したがって、契約書の中で使用する法律用語は正確に使用しなければなりません。その法律用語が不正確だと、条文の意味がまったく異なってしまうおそれがあります。

　その結果、せっかく契約書を作成したにもかかわらず、不正確な法律用語を使用したせいで、将来の紛争の原因となる可能性が残ってしまうのです。

(3) 法律用語の難しさ

　法律用語を使用する場合は正確に使用しなくてはなりません。不正確な法律用語を使用することは、日常用語を曖昧に使用する場合よりも、さらに紛争のリスクが高まるでしょう。

　特に、日常用語と類似した法律用語を気軽に使用すると大変な結末に発展することもあります。法律用語は、それによって法律的な効果を生じさせる場合が多いので、慎重な取扱いが必要なのです。

2 法律用語は紛争の火種となる！

　例えば、上記ケース研究「×」にある「破産宣告」（破産法改正により破産手続開始決定に変更されました）の他にも「会社整理」（旧商法の用語であり、会社法制定により廃止されました）、「禁治産宣告」（民法改正により廃止されました。）等のように、法律改正によって使用されなくなった用語、制度があります。

　これらの用語は、今でも契約書の中でよく使用されていますので、十分ご注意ください。

契約書の中に気になる法律用語(や、法律用語らしきもの)があった際には、紛争を未然に防止するためにも、十分その意味を確認してください。

実践的アドバイス 7　「定型書式の契約書だから修正できない」といわれた場合の修正方法！

❶ 定型書式の意味

　契約の相手方から、「この契約書は当社の定型書式の契約書だから、修正はできない。このまま調印してもらうしかない」といわれることがよくあります。
　しかし、「定型書式だから修正できない」というのは相手方の勝手な都合にすぎません。定型書式でも、法律上は条文の修正を要求することに何ら問題はありません。

❷ 定型書式の場合の修正方法

　しかし、現実問題としては、契約交渉の担当者レベルでは「会社の方針だから」といって、頑として修正に応じないことがほとんどです。
　その場合には、定型書式の契約書の条文自体は修正せずに、①定型書式に特約条項として修正点を追記する、②定型書式とは別に定型書式の内容を修正する旨の覚書を別途作成する等して対応することも可能なので、諦めずに相手方と交渉することが重要です。
　なお、改正民法は、銀行の預金取引や携帯電話の契約等のような不特定多数者を相手方として行う画一的内容の取引（定型取引）に関する定型約款の規定を新設しました（改正民法548条の2〜）。定型「約款」とは、定型取引において、契約の内容とすることを目的として特定の者により準備された条項の総体のことであって、交渉によって条項を変更できないという前提のものです。他方、ここで述べている定型「書式」は、その契約書の書式をできれば変更しないで使用したいという一方当事者の希望にすぎず、交渉によって条項を変更することが可能なものです。したがって、この定型約款とここで述べている定型書式とは次元の異なる話ですので、ご注意ください。

22 略語は適切に使用されているか

ケース研究 略語を指定したのに条文で使用しないケース

第○条　甲は別紙物件目録記載の不動産(以下「本件不動産」という。)を〜
第△条　甲は本物件を〜
　　　　　　　　　　　　　　　　　定めた略語を用いていない

　この第○条では、別紙物件目録に記載した不動産を「本件不動産」と呼ぶと宣言しています。にもかかわらず、第△条で「本件不動産」とは異なる「本物件」という言葉を使用しています。
　これを素直に解釈すると、第△条の「本物件」は「本件不動産」とは異なる物を指している、と考えることになるでしょう。本当に異なる物を表現しようとしたのであればよいのですが、「本件不動産」と同じ意味で「本物件」を使用したのであれば、わざわざ略語を定めた意味がありませんし、しかも、あえて紛争の原因を作り出しているようなものです。

第○条　甲は別紙物件目録記載の不動産(以下「本件不動産」という。)を〜
第△条　甲は本件不動産を〜
　　　　　　　　　　　　　　　　　定めたとおりに略語を用いる

せっかく略語を使用すると宣言したのですから、そのまま略語を使用すればよく、それによって後日の紛争を回避することができることになります。

解説

1 略語は便利!

(1) 略語の利点
　契約書の中で使用する用語については、略語を用いることが一般的です。長い単語や複雑な表記を契約書の中で繰り返し記載すると、混乱や誤解を招く原因となります。また、複数の単語を一括して表記したほうが理解しやすくなることもあります。つまり、略語の使用には、契約書をわかりやすくするという利点があるのです。

(2) 略語の例
　例えば、契約当事者である「〇〇〇〇株式会社」を「甲」と表示したり、賃貸借契約の対象となる不動産を「本件不動産」と表示したりすることがよくあります。複数の当事者をまとめて一括して「乙」と総称することも可能です。

　当事者を表す略語としては、甲、乙、丙、丁やA、B、C、D等の略語を使用するのが一般的です。

　略語を使用する場合、該当する用語の直後に括弧内で、〝(以下「〇」という。)〟という形で表記することが通例です。例えば、「〇〇〇〇株式会社(以下「甲」という。)」等と表記します。

(3) 略語の危険性
　略語の使用について法律上の制限は特にありません。ただし、「略語の使用は、契約書をわかりやすくするためである」という意識は重要です。

　略語を使用した結果、かえって契約書が混乱してわかりづらくなったというのであれば、略語を使用する意味はありません。

(4) 略語を使用する際の注意点

このような観点から、略語を使用する際の注意点を挙げると次の2点が重要です。

①略語は短くわかりやすく!

わざわざ略語を使用するのに、元の用語よりも長くなっては意味がありません。例えば、〝「甲乙の合意書」（以下「甲と乙との間で締結した本件合意書」という。）〟とするのは、かえって元の用語よりも長くなっており、わざわざ略語を使用していい換える必要はありません。

②略語は統一する!

略語を使用する場合には、その元の言葉に対応する略語は一つだけに統一して使用します。元の言葉に対応する略語を複数使用すると、混乱の原因となります。

例えば、すでに存在する契約を修正する合意書を作成する場合に、前提となる既存の契約について「原契約」という略語を使用すると決めたら、最後まで「原契約」という略語で統一しなければなりません。

契約書の途中で何の前触れもなく、「前契約」、「本契約」、「旧契約」等という略語を気軽に使用すると、それが「原契約」と同じものなのか、「原契約」とは別に「前契約」なるものがあるのではないか等という疑念が湧き、解釈が混乱し、ひいては当事者間の紛争に発展するおそれもあります。

これでは、紛争の予防、紛争の解決という契約書作成の目的を果たすことができません。

2　略語を適切に使用しないと紛争の火種となる!

(1) 賃貸借の目的不動産はどれ?

例えば、次のような条文はどうでしょうか。

> 第1条　甲は、別紙物件目録記載の不動産(以下「本件不動産」という。)を乙に賃貸する。
> 第2条　乙は、本日、甲から本件建物の引渡しを受けた。
> 第3条　乙は、第1条の賃貸借が終了した場合、直ちに甲に対し本物件を明け渡す。

　この第1条では、別紙物件目録記載の不動産を以下「本件不動産」という略語で表記するとしています。その結果、この契約書のこの後の条文において、甲が乙にこの契約で賃貸する不動産は「本件不動産」ということになります。

　ところが、第2条では、乙が、甲から引渡しを受けたのは「本件建物」となっており、明らかに「本件不動産」とは異なります。

　また、第3条では、「本物件」という言葉が記載されていますが、これも明らかに「本件不動産」とは異なっています。

　すると、これらの条文を素直に読む限り、甲が乙に賃貸する「本件不動産」と、乙が甲から引渡しを受ける「本件建物」と、賃貸借終了時に乙が甲に明け渡す「本物件」の三つの不動産が契約書上に登場していることになってしまいます。

(2) 紛争の火種

　もし、甲と乙が、当初は「本件不動産」と「本件建物」と「本物件」を同じ意味、つまり、別紙物件目録記載の不動産を指すものと考えて条文を作成したとしても、後日になって、一方当事者が、これらの言葉が異なる意味を持つものと考えたほうが自分に有利だと思った場合には、そのように主張することが可能となってしまい、他方当事者との間の紛争に発展するおそれがあります。

　したがって、このような紛争を未然に防止するには、略語を統一しなければなりません。

23 | 別紙は添付されているか

ケース研究 別紙を利用すべき場合に別紙を利用しないケース

第○条　甲は、 甲の取り扱う商品 を乙に売却する。
　　　　　　　　　　｜
　　　　　　何を指しているかわからない

　この条文だと、甲の取り扱う商品が何かわかりません。甲は、取扱い商品が多数ある場合、現実問題としては商品一覧やパンフレット、写真、リスト等を使って乙に説明するはずであり、乙もそれを承知して契約書に調印するはずです。
　しかし、そのことは契約書には出ていないので、このままでは売買の対象が何かがわからず、後日の紛争となってしまいます。それでは何のために契約書を作成するのかわかりません。将来の紛争予防、紛争解決という契約書作成の目的が達成できないことになります。

第○条　甲は、甲の取り扱う 別紙記載の商品 を乙に売却する。
　　　　　　　　　　　　　　　　｜
　　　　　　　　　　別紙を活用して、明確にする

　後日の紛争を予防するため、別紙を活用しましょう。別紙も条文の一部となり契約

書の内容となります。

解説

1 別紙は活用すべし!

(1) 別紙の必要性

例えば、売買の対象となる商品が多数の場合、委託する業務が多数の場合、賃貸借の対象となる不動産が多数の場合等において、契約書の内容としてそれらの多数の事柄を組み入れると、条文が長文化、複雑化してしまい、かえって誤解や疑義が生じるおそれがあります。

そこで、そのような問題を回避するために、それらの多くの事柄をひとまとめにして別の紙に記載して、本文中には「別紙」として引用するやり方が一般的です。

(2) 契約書と別紙の関係

「別紙」は、「本当はこの条文の中にすべてを書き込むのが本筋なのだけれども、書くべき事柄が多く条文が長くなってしまい読みづらくなるので、それを避けるために別の紙に書くのでそちらを見てくれ」という趣旨のものです。

契約書の条文の中に「別紙記載の」とか「別紙のとおり」とか「別紙参照」等と書いておけば、その別紙に記載した内容は、契約書の内容となります。別紙は契約書の後ろに綴じて契約書と一体化します。

2 別紙を利用する場合の注意点!

(1) 契約書に別紙を綴じるのを忘れないこと!

契約書の条文に「別紙記載のとおり」と記載して別紙を綴じるのを忘れることがよくありますので、注意してください。

(2) 参考資料、添付資料と区別すること!

別紙はあくまでも契約書と一体となって契約書の内容となるものです。他方、参考

資料や添付資料は契約書と一体とならず契約書の内容とはならないものですから、区別してください。

実践的アドバイス 8 「契約」と「契約書」の違い！

① 「契約」と「契約書」の意味

「契約」と「契約書」という言葉は似ていますが、法的には異なるものです。

契約とは、当事者の意思表示が合致したこと（例えば、売る、買うという約束、つまり売買契約）を意味します。契約書とは、その契約の内容を書面化した場合の書面を指します。

② 「契約書第〇条」という書き方

契約は、原則として口約束でも成立しますが、後日になってから、「言った、言わない」という水掛け論の紛争に発展しかねません。そこで、将来の紛争を予防し、紛争を回避し、さらには紛争の解決指針とするために、契約の内容を書面に記載したのが契約書です。

そうすると厳密に考えると、各条文の内容は「契約」の内容であって、「契約書」の内容ではないことになります。

よく「甲乙間の〇〇契約書第〇条」という表現を目にしますが、これは厳密にいうと「甲乙間の〇〇契約第〇条」が正しい表現といえるでしょう。

24 別紙のタイトルと条文本文の引用部分は合致しているか

ケース研究 別紙のタイトルと条文本文の引用部分が合致していないケース

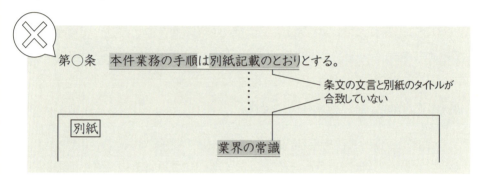

この条文では、「本件業務の手順」が別紙に記載されていなければなりませんが、別紙のタイトルは「業界の常識」となっていて合致していません。

そうすると、条文の内容と別紙記載の内容に齟齬、矛盾があるのではないかという疑問が生じます。場合によっては、「この別紙は、この条文に引用する別紙とは異なるものである」という解釈の可能性も生じてしまい、紛争の原因となってしまいます。

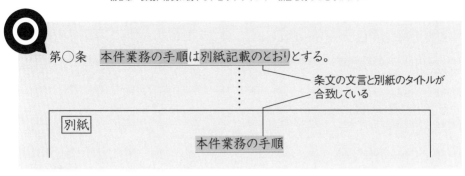

OK

後日の紛争を予防するため、別紙のタイトルは本文の引用部分と合致させましょう。別紙も条文の一部となり契約書の内容となります。

解説

1 別紙は活用すべし！

(1) 別紙の必要性

売買の対象となる商品が多数の場合、委託する業務が多数の場合、賃貸借の対象となる不動産が多数の場合等において、契約書の内容としてそれらの多数の事柄を組み入れると、条文が長文化、複雑化してしまい、かえって誤解や疑義が生じるおそれがあります。

そこで、そのような場合には、それらの多くの事柄をひとまとめにして別の紙に記載して、本文中には「別紙」として引用するやり方が一般的です。

ここで注意が必要なのは、「別紙」も契約書の一部なので、法的な効力が発生するということです。不適切な文言を用いると紛争の原因となります。

(2) 契約書と別紙の関係

「別紙」は、本当はこの条文の中にすべてを書き込むのが本筋なのだけれども、書くべき事柄が多く条文が長くなってしまい読みづらくなるので、それを避けるために別の紙に書くのでそちらを見てくれ、というものなので、契約書の条文と同様の配慮が

必要です。

　契約書の条文の中に「別紙記載の」とか「別紙のとおり」とか「別紙参照」等と書いておけば、その別紙に記載した内容は、契約書の内容となります。別紙は契約書の後ろに綴じて契約書と一体にします。

2　別紙のタイトルと条文本文の引用部分との合致の必要性

　このように別紙記載の内容は、契約書の条文の内容となるので、別紙のタイトルは必ず条文の本文の引用部分の内容と合致させてください。

　これが合致していないと、場合によっては、「本文で引用した別紙と、現実に綴られている別紙とは異なるものである」という解釈が可能となってしまい、紛争の原因となってしまうからです。

　「別紙のタイトルごときでそんな大袈裟な…内容が合致していればよいではないか」と思うかもしれませんが、紛争が生じる場合は些細な点についてまで当事者双方が自己に有利な解釈を追求した挙げ句、法的紛争に発展するのが現実です。くれぐれもご注意ください。

25 | 不動産の表示は特定されているか

ケース研究 | 不動産の表示が特定されていないケース

第○条　甲は乙に対し、東京都中央区にある甲の自宅を贈与する。

不動産が特定されていない

　この条文では、贈与の対象となる不動産が特定されていません。「東京都中央区にある甲の自宅」という表現は、甲にとっては自明のことかもしれませんが、他人にとってはまったくわかりません。

　不動産の場合、権利関係の変動については法務局で登記する必要がありますが、対象不動産が特定されていないと登記することが困難となります。不動産を特定しないまま契約書を締結することは、後日の紛争の原因となります。

第○条　甲は乙に対し、別紙物件目録記載の不動産を贈与する。

別紙を活用して、特定する

　後日の紛争を予防するため、不動産の表示は必ず特定してください。通常は、別紙として物件目録を作成して契約書に綴ります。別紙も条文の一部となり契約書

111

の内容となります。

解説

1 不動産の表示は特定すべし!

(1) 不動産の表示の特定の必要性
　契約の対象が不動産の場合、その不動産を特定しなければなりません。不動産に限らず、例えば、売買契約の対象物は特定しなければならないのですが、特に不動産の場合は、登記手続との関係もあるので、特定の必要性がより強調されることになります。不動産が特定できないと、登記が困難となってしまうからです。

(2) 不動産の表示の特定方法
　では、不動産の表示をどのようにして特定すればよいでしょうか。これは登記手続との関係を見据え、登記簿謄本を参照して登記簿どおりの項目を記載して特定することになります。
　土地の表示は「所在」、「地番」、「地目」、「地積」の項目を記載して特定します。建物の表示は「所在」、「家屋番号」、「種類」、「構造」、「床面積」の項目を記載して特定します。

2 不動産を特定する際の注意点

(1) 住居表示との食い違い
　不動産登記簿謄本の「所在」を見ると、住居表示と異なっていることがよくあります。登記手続が関係しない場合には、住居表示で不動産の所在地を特定しても問題はありませんが、登記手続が必要な契約の場合は登記簿謄本記載のとおりに記載する必要があります。その場合は、住居表示を注記する等の工夫が必要となります。なお、不動産登記簿上の表記と住居表示が異なる場合にはブルーマップで確認するとよいでしょう。

(2) 別紙「物件目録」の活用

不動産の表示は契約書の条文に書き込むこともありますが、別紙として「物件目録」を作成するのが一般的です。

【物件目録の例】
〈土地の場合〉

```
              物 件 目 録
  所  在     東京都…区…
  地  番     …
  地  目     …
  地  積     …平方メートル

  (住居表示)東京都…区…
```

〈建物の場合〉

```
              物 件 目 録
  所  在     東京都…区…
  家屋番号    …
  種  類     …
  構  造     …
  床 面 積    …平方メートル
```

上記のように、別紙「物件目録」にて不動産を明確にし、紛争となることを防ぎましょう。

26 安易に「協議する」と規定されていないか

ケース研究 安易に「協議する」と規定しているケース

第○条　本契約の有効期間については甲乙協議する。

協議後のことが想定されていない

① この条文だと、甲と乙が「協議する」としか書いていません。「いつ協議するのか」「協議して意見が食い違った場合にどうなるのか」が不明です。

② 「協議」というのは、話し合うことです。話し合って円満に結論に達すれば問題はありません。しかし、現実には、話し合ったが平行線だった、決裂した、ということが珍しくありません。その場合、契約の有効期間は決まらないことになります。これではせっかく契約書を作成したのに、この条文の存在自体が紛争の原因になってしまいます。

第○条　本契約の有効期間については、本契約締結後1ヶ月以内に甲乙協議する。ただし、協議が調わない場合には契約締結日から3年間とする。

協議時期や協議不成立の場合について明記する

後日の紛争を予防するため、協議をすべき時期、協議が調わない場合にどうするかという結論を規定しておくべきです。

解説

1 「協議」条項は危険が大きい!

(1)「協議」条項が多い理由

　契約書の中で、「協議する」という条項が頻繁に規定されているケースが非常に多く見受けられます。当事者にとっては、ビジネスチャンスが大枠の合意に達したので、一刻も早く契約締結したいという事情、あるいは、この問題を詰めて議論すると話が壊れるかもしれないので、将来の課題として問題を先送りしたいという事情等があるのかもしれません。もしくは、単に市販の契約書の雛形がそうなっているから真似をしただけ、ということなのかもしれません。

(2)「協議」条項はないほうがよい!

　しかし、契約当事者間の法律関係を後日の協議に委ねるというのは、契約書の中に紛争の火種を残すことになりかねません。契約書は後日の紛争予防、後日の紛争解決のために作成するのですから、契約締結段階で、決めるべき事柄はすべて決めておくという意識が必要です。

　その意味で、「協議」条項は、使用しないで済むのであれば、使用しないほうがよいでしょう。

2 「協議」条項を定める場合の注意点

(1) 協議の時期

　単に「協議する」と規定してある場合、いつ協議をするのかが問題になってしまうケースがあります。

　例えば、上記のケース研究「×」では、「契約の有効期間を甲乙協議する」という

条文になっています。もし、甲が契約締結後1年間を有効期間と予定していた場合、契約締結から1年経過後に有効期間をいつにするかを協議しても甲にとっては手遅れです。また、いくら甲が協議を開始したいと思っても、乙が協議に応じなければ、契約の有効期間は決まらないまま、契約自体は延々と継続することになってしまいます。このような事態は、甲にとっては是非とも回避したいところでしょう。

そこで、いつ協議をするかが問題となりそうな場合や、それによって不利益を被りそうな当事者にとっては、予め協議の時期を条文に明記しておくことが必要となります。

(2) 協議が調わない場合の処置を明記する必要性

後日の紛争予防のためには、「協議」条項はできれば契約書に記載しないほうがよいのですが、それでも、どうしても「協議」条項を記載せざるをえない場合には、「協議が調わない場合に、法的にどう解決するか」という結論を必ず記載しましょう。そうでないと、万一協議が調わない場合に、法律的に結論が出せない宙ぶらりんの状態になってしまいます。

例えば、「契約の終了は甲乙協議して決定する」と規定されていた場合、「甲乙の協議が調わない限り、契約は終了しない」ということにもなりかねません。この結論でも特段の不利益のない当事者にとっては、このままでもよいでしょう。しかし、不利益を被る当事者としては、「協議が調わない場合の法的結論をどうするのか」について予め決めておく必要があるのです。

(3)「協議」条項としても問題のない事柄

例えば、契約書に記載のない事柄について「甲乙協議して決定する」という条項を定めることが一般的です。この場合は、もともと契約書に記載のない事柄なので、協議が調わなくても契約書の内容に疑問が生じるおそれはありません。したがって、この場合は「協議」条項を規定しても特に問題は生じないでしょう。

実践的アドバイス 9　口頭の承諾は紛争の原因!

❶ 承諾条項

　契約書の中に、当事者が何かをする場合に相手方の承諾を得なければならないという条文を記載することがよくあります。例えば、「甲は、乙の承諾なしに、本件建物を第三者に使用させてはならない。」とか「甲は、乙の承諾なしに、本件業務を第三者に委託してはならない。」とか「甲は、乙の承諾なしに、本件契約に関して得た情報を第三者に開示してはならない。」等です。

　何かを行うには相手方の承諾が必要とされる場合に、その承諾なしに行うと債務不履行となり、損害賠償責任が生じ(民法415条)、解除原因にもなります(民法541条)。

❷ 口頭の承諾と紛争の原因

　上記の例のように「乙の承諾なしに」と定めた場合、特に承諾の方法を指定していないので、この承諾は口頭でもよいことになります。しかし、現実問題として口頭の承諾というのは、「言った、言わない」の水掛け論になってしまい、承諾があったか否かで紛争となりやすいので、実務的には口頭の承諾はできるだけ回避したいところです。

　例えば、上記の例で、甲乙間で口頭のやりとりがあり、甲は承諾があったものと理解して行動したところ、後日になって乙が、「承諾なしに、勝手に無断で行った」として契約解除を主張して紛争に発展したというケースは決して珍しいものではありません。

❸ 書面による承諾

　そこで、紛争回避の観点から、承諾が必要という条文を定める場合には、必ず「書面による承諾」という表現を規定して、承諾があったという事実の証拠が確実に残るようにすべきです。

27 「協議して解除する」は「解除する」と同じか

ケース研究 「協議して解除する」と規定されたケース

第○条　甲または乙は、次の事由がある場合には本契約を協議して解除することができる。
　　　1、……
　　　　（以下略）

「協議で合意しないと解除できない」と解釈されてしまう

① この条文は、一見、所定の事由がある場合に、当事者の一方が一方的に契約を解除することができる、という解除条項のように見えます。そのような趣旨で契約書に規定するケースがよくあります。しかし、よく読むと解除する前提として「協議」が必要とされています。したがって、甲と乙が協議して合意に達したときに初めて甲は解除できると解釈することが可能です。

② 要するに、この条文は、甲と乙が契約解消の合意をする「合意解除」を定めたものであるから、一方当事者による一方的な解除はできないはずだ、という反論が十分成り立つのです。

③ そうすると、例えば、甲が、この条文を単なる解除条項のつもりで理解して契約を締結し、後日になっていざ解除しようとしたときに、乙から、「協議で合意しない限り解除はできないはずだ」という反論を受けることになってしまい、紛争に発展してしまいます。

　「協議して解除する」と「解除する」は、同じではないのです。

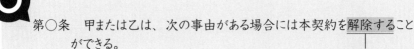

第○条　甲または乙は、次の事由がある場合には本契約を解除することができる。
1、……
　　（以下略）

端的に
「解除する」とする

OK

もし、甲が、所定の事由がある場合に一方当事者が一方的に契約を解除することができる解除条項を契約書に規定したいと考えるのであれば、後日の紛争を予防するためにも、「協議」を前提とする解除、つまり「協議して解除」という規定の仕方をせずに端的に「解除する」と表現すべきでしょう。

解説

1 「協議」条項は危険が大きい！

(1)「協議」条項が多い理由

弁護士として日常的に契約書のチェックをしていると、「協議する」と規定してある条文が非常に多いことに気がつきます。何故でしょうか。その理由を考えてみると、ビジネスチャンスが大枠の合意に達したので、一刻も早く契約締結したい、詰めて議論すると話が壊れるかもしれないので、将来の課題として問題を先送りしたい、あるいは、単に市販の契約書の雛形がそうなっているから真似をしただけ、ということなのかもしれませんが、漠然と「協議する」と用いるのは危険です。特に、契約の運命を左右する重要な条文に関する場合、要注意です。

(2)「協議」条項はないほうがよい！

契約当事者間の法律関係を後日の「協議」に委ねるというのは、契約書の中に紛争の火種を残すことになりかねません。契約書は後日の紛争予防、後日の紛争解決のために作成するものですから、契約締結段階で、決めるべき事柄はすべて決めておくという意識が必要でしょう。

微妙な問題を先送りするという配慮は、時にはビジネスの最前線の判断として適切賢明なこともあるとは思いますが、将来の紛争予防という観点からは、問題の先送りのための「協議」条項は極力回避すべきです。

「協議」条項は、使用しないので済むのであれば、使用しないほうがよいでしょう。

2 「協議して解除する」条項の問題点

(1)「協議して解除する」は合意解除の意味

ケース研究「×」の条文は、「甲または乙は」「次の事由がある場合には」「解除することができる」と規定しており、一見、「当事者の一方が、所定の事由がある場合には一方的に契約解除ができる」という解除条項のように見えます。

しかし、この条文には解除の前提として「協議が必要」とされています。そうすると、「協議して契約解消することができる」つまり「合意解除」を意味する条項だという解釈が成り立つのです。これは、所定の事由がある場合に一方当事者が一方的に契約を解消する「解除」とは明らかに法的意味が異なるのです。

(2) 一方的解除条項としたい場合は「協議」は禁物

信じられないかもしれませんが、一方当事者が所定の事由がある場合に一方的に契約を解除することができる解除条項を規定するつもりで、ケース研究「×」の条文のように「協議して解除する」という定め方をしている契約書がよくあります。

その条文に基づいて一方的に契約を解除したところ、相手方から、「協議がなかった以上、解除は無効だ」という反論がなされて、紛争に発展したケースが実際にあります。このように「協議」という表現は、紛争の原因となることが多いので、使用する場合には十分な注意が必要です。

28 「ものとする」という表現を安易に使用していないか

| ケース研究 | 「ものとする」と記載されたケース |

第○条　甲は、乙に対し、甲所有の不動産を売却するものとする。

「予約する」等の意味にもとれる

① この条文は、甲乙間で甲所有不動産の売買契約が成立したことを表現する場合によく見かける書き方です。「ものとする」という表現は、一見、日常用語とは異なる重厚な響きがあり、特別な効果があるかの如き印象を与えるので、契約書の中では頻繁に使用されています。

② しかし、例えば、不動産について売買の合意が成立した(売るという意思表示と、買うという意思表示が合致した)という趣旨で「売却するものとする」と規定した場合、日本語の解釈としては、「ものとする」＝「そういうことにする」、つまり、「将来売却する(予定)」「売却することを約束する(予約)」等の解釈が十分成り立ってしまいます。

これでは、せっかく契約書を作成しても、安易に「ものとする」という表現を使用したせいで、将来の紛争の原因を内包する契約書になってしまいます。

第○条　甲は、乙に対し、甲所有の不動産を売却する。
　　　　　　　　　　　　　　　　　　　　　　｜
　　　　　　　　　　　　　　　　　　　　　断定する

　「ものとする」を削除して「する」と断定すると、予約と解釈する余地がなくなるので、後日の紛争の原因にはなりません。このように、「ものとする」という表現は安易に使用しないほうがよいでしょう。

解　説

1　「ものとする」条項は危険が大きい！

(1)「ものとする」条項を使用する契約書が多い理由

　弁護士として日常的に契約書のチェックをしていると、「ものとする」という表現を使用した条文が非常に多いことに気づきます。すべての条文の末尾が「ものとする」となっている契約書も頻繁に見かけます。

　その理由を推察すると、何となく日常用語とは異なる重厚な響きがあるからとか、契約書という重大書類を作成するのに相応しいイメージがあるからとか、法律という特殊な世界では「ものとする」と書くと立派そうな印象があるからとか、市販の雛形に書いてあるから真似をしただけ等の理由が考えられます。

(2)「ものとする」条項の危険性

　しかし、何気なく使用した「ものとする」が紛争の原因になることもあります。「する」と規定して何の問題もないのに、わざわざ「ものとする」としたことにより、異なる法律効果が生じる可能性が浮上することがあるのです。

　そのような危険性を考慮すると、あえて「ものとする」と書く必要はまったくありません。別の解釈が浮上する余地をなくす、つまり、紛争の原因をなくすためにも、条文の文末は「する」と表現して断定したほうがよいでしょう。

2 「ものとする」条項の問題点

(1)「ものとする」条項は有害無益

　ケース研究「×」の条文は、「売却するものとする」と規定しています。甲乙間の売買契約成立を意味する趣旨でよく使用されている書き方です。しかし、この条文の書き方では、将来の売却を約束する(予約)意味だと解釈することができてしまいます。その結果、後日の紛争の原因となってしまいます。

(2)「ものとする」条項は極力使用しないことが肝要

　条文を規定する場合に、「ものとする」と書かないと法律効果がない等ということはありません。現に、裁判所の作成する判決文や弁護士の作成する示談書や契約書等では「ものとする」表現はほとんど使われていません。

　使用しなくても問題はなく、しかも、使用すると危険があるというのであれば、「ものとする」条項は極力使用しないほうがよいでしょう。仮に使用する場合でも、十分注意すべきでしょう。

29 無意味な空白、空欄はないか

| ケース研究 | 無意味な空白、空欄があるケース |

第○条　甲は、乙に対し、甲所有の不動産を　　　　　　売却する。
　　　　　　　　　　　　　　　　　　　　　｜
　　　　　　　　　　　　　　　　　　空白に不利益な内容を
　　　　　　　　　　　　　　　　　　書き込まれてしまう可能性がある

① この条文は、甲乙間で甲所有不動産の売買契約が成立したことを表現していますが、条文の中に空白があります。この空白部分に後日、何か文言を補充されてしまうと異なる意味になるおそれがあります。

② この空白を、例えば「金3億円で」と補充されると、「売買代金額が金3億円である」と読むことができてしまいます。売買代金額を定めた条文が他に存在し、その金額が金3億円でない場合にはどちらが正しいかが紛争の原因になってしまいます。

第○条　甲は、乙に対し、甲所有の不動産を売却する。
　　　　　　　　　　　　　　　　　　　　　　
　　　　　　　　　　　　　　無意味な空欄は設けない

このように空白を詰めてしまえば、補充される危険性がなくなるので、紛争の原因を解消することができ、将来の紛争予防に役立つことになります。

解 説

1 無意味な空白、空欄が生じる理由!

弁護士として日常的に契約書のチェックをしていると、契約条項の中に、無意味で無用な空白や空欄が存在する契約書をよく目にします。

例えば、Ⓐ条文の中に数文字分のスペースが空いている場合（上記ケース研究）、Ⓑ行の途中から後ろが空白になっていて次の行に繋がっている場合、Ⓒ条文と条文の間に空白の行がない構成で作成されているときに空白の行が存在する場合等です。

〈Ⓑの例〉
第○条　甲は、乙に対し、甲所有
の不動産を、代金100万円で売却する。

空　欄
文字を補充される可能性がある

〈Ⓒの例〉
第○条　甲は、乙に対し、甲所有の不動産を売却する。
第△条　乙は、甲に対し、売買代金100万円を支払う。

空　欄

第□条　本件不動産売買は現状有姿売買とする。
文章を加筆される可能性がある

おそらく、このような空白、空欄は、契約書の文章をパソコン機能で作成する際に、修正、変更等を行った結果として生じたブランクではないかと推察されます。

2 空白、空欄の危険性!

(1) 文章の中の空白部分の危険性!

　文章の途中に空白があると(上記のA、B)、そこに文字を補充されてしまうおそれがあります。もちろん、契約書は当事者の人数分作成してそれぞれが保管するのが通常ですから、相手方が空白を補充した契約書を示して無理難題を主張してきても、他方当事者において自己の保管する空白を補充されていない契約書を根拠に、相手方の勝手な補充は無効であるという反論はできそうです。しかし、他方当事者が契約書を紛失していた場合はどうでしょうか。相手方の主張を否定することが難しくなってしまいます。

　そういう事態を回避するためにも、無意味無用な空白は作らないよう注意してください。

(2) 文章間の空白の行の危険性!

　文章間に空白の行があると(上記のC)、そこに文章を加筆されてしまうおそれがあります。全部の文章間に一律に空白を入れないとか、1行分の空白を入れるという形で統一されていれば問題は少ないでしょう。しかし、他の文章間には空白の行がないのに、1か所だけ空白の行があるという場合には、そこに条文を加筆されてしまうおそれがあります。

　そうならないためにも、文章間にも無用な空白部分を作らないよう注意したほうがよいでしょう。

30 条文間に矛盾はないか

ケース研究 条文間に矛盾があるケース

　　　　　　　　合　意　書

　賃貸人甲と賃借人乙は、次のとおり合意する。
第1条　甲と乙は、本日、本件賃貸借を合意解除する。
第2条　乙は甲に対し、本件物件を明け渡すまでの間の賃料を支払う。

内容が矛盾している

① この第1条では、甲と乙が賃貸借契約を「合意解除する」となっています。「合意解除」というのは、当事者が契約を終了させる旨の合意をすることです。簡単にいうと、債務不履行等の法定の解除事由（賃料不払い等）はなく、期間も満了しておらず、しかも期間内途中解約条項（期間が満了する前に期間の途中で解約することができるという条項）もない場合に、それでも賃貸借契約を終了させたいときに、賃貸人と賃借人が合意によって賃貸借契約を終了させるものです。

② そうすると、第1条によって賃貸借契約は終了します。したがって、当然のことながら、賃貸借契約が終了した以上、賃料は発生しません。賃料は賃貸借契約が継続していることが前提だからです。乙は賃料を支払う義務はありません。

③ ところが、第2条では、乙は甲に対し、「明け渡すまでの間の賃料を支払う」と書いてあります。つまり、第2条は、賃貸借契約が終了していないといっているのと同じです。

④ これでは、第1条と第2条は矛盾する内容を規定していることになります。このままでは、賃貸借契約が終了しているのか否かについて紛争が生じる原因となってしまいます。

内容に矛盾がないようにする

　　賃貸人甲と賃借人乙は、次のとおり合意する。
　第1条　甲と乙は、本日、本件賃貸借を合意解除する。
　第2条　乙は甲に対し、本件物件を明け渡すまでの間の賃料相当損害金を支払う。

　このように、第2条で、「賃料」ではなく、本件物件の明渡しまでの間の「賃料相当損害金」を支払うとすれば、賃貸借契約は終了したことが前提となるので、紛争の原因を解消することができ、将来の紛争予防に役立つことになります。

解説

1　条文間の矛盾に注意！

(1) よくある条文間の矛盾

　契約書の条文間に矛盾があることは、珍しくありません。一つ一つの条文を読むと何の問題もないのですが、第○条で書いてあることと第△条で書いてあることが、矛盾した内容となっているのです。そんなバカなことがあるだろうか、と思うかもしれませんが、現実には、頻繁に見られる現象です。

(2) 条文間の矛盾が生じる原因

　では、なぜ条文間で矛盾が生じるのでしょうか。次のような原因が考えられます。

①法律的重要性に気づかない

まず、その事柄の法律的な重要性に気づいていないために、条文間に法律上の矛盾があることがわからない場合があります。

そもそも契約書というのは、日常用語とは異なる法律用語で作成されます。法律の専門家ではない人にとっては、法律的にどこが重要なのかがよくわかりません。「何となく全体を読んで、概ねOK」として調印に至るというのが多くのパターンではないでしょうか。しかし、一見、どうでもよい枝葉末節と思われる表現が、実は法律上は重要な意味を持っているということは、意外に多いのです。

②条文数が多いために混乱する

次に、条文数や契約書の頁数が多いために、条文間の矛盾が生じていることに気づかない場合があります。この場合には、法律的な意味での矛盾だけでなく、金額や数字等の事実の記載の矛盾も含まれます。

条文数や契約書の頁数が少ない簡単な契約書であれば、注意してよく読めば、条文間の矛盾が生じる可能性は減少します。しかし、条文数や契約書の頁数が多くなると、条文間の矛盾に気づくのは大変です。第1条の表現と第50条の表現が矛盾していると気づくのは、簡単ではありません。

③うっかりミスをする

「つい、うっかり」という単純ミスで条文間の矛盾を見落とすこともありますが、これは、注意深くチェックする、何度もチェックする、複数の人がチェックする等の対策によって防止することができます。

【条文間の矛盾の原因】

> ① 法律的重要性 に気づかない！
> ② 条文数が多い ために混乱する！
> ③ うっかりミス をする！

(3) 条文間の矛盾の危険性

条文間の矛盾には、法律的な意味や効果に矛盾がある場合と、事実に関する記載が相互に矛盾する場合(例えば、金額や数字や日付が矛盾している、前提事実が矛盾している等)があります。

いずれの場合であっても、条文間の矛盾があるために、その条文が無意味になってしまったり、その契約で実現しようとした目的が達成できなくなるおそれがある点では同じです。条文間に矛盾があると、このような危険性があるということを知ることが重要です。

(4) 条文間の矛盾の防止策

そこで、契約書を作成する際には、契約書の各条文について矛盾があるか否かを、細心の注意を払って確認する必要があります。それによって、条文間の矛盾の原因のうち、②と③は未然に防ぐことができるでしょう。

しかし、原因の①は、法律的な重要性を理解していないと矛盾を防止することは難しいので、疑問がある場合には弁護士等の専門家に相談してください。

【条文間の矛盾の原因と防止策】

		防止策
①	法律的重要性 に気づかない! ➡	弁護士に相談
②	条文数が多い ために混乱する! ➡	細心の注意
③	うっかりミス をする! ➡	細心の注意

2 ケース研究の検討

(1) 条文間の矛盾

上記ケース研究の「×」は、第1条で賃貸借が終了するとしていながら、第2条で賃貸借が終了していないとしています。法律上、明らかに矛盾しています。このままだと、後日になって甲と乙がそれぞれ自分に有利な結論(賃貸借終了か継続か)を主

張すると、法的紛争に発展してしまいます。紛争を回避するためには、条文間の矛盾がないように修正する必要があります。

(2) 条文間の矛盾の解消方法

　上記ケース研究の「×」の第1条を重視して、賃貸借契約を合意解除によって終了させるという方向で修正する場合は、第1条はそのままにして、第2条で支払う金銭を「賃料」ではなく「賃料相当損害金」に修正するとよいでしょう。

　賃貸借契約が終了した後に旧賃借人が明け渡すまでの間は、旧賃借人は何の法的根拠もなく賃貸物件を占有していることになるので、理論上は、賃貸物件の不法占拠状態となります。その結果、旧賃借人は旧賃貸人に対し損害賠償として損害金を支払う義務を負うことになります。この損害金は、通常は賃料と同額と評価されています。そこで、この損害金のことを法律上、「賃料相当損害金」と呼んでいます。これであれば、内容に矛盾は生じません。

> 実践的
> アドバイス
> 10

契約書チェックの軽視は禁物!

① 契約書チェックを軽視する依頼者が多い

　私は毎日のように契約書のチェックを依頼されます。依頼者がよく口にするのが、「契約書のチェックだから、適当にやってくれればよい」とか「契約書のチェックなんてわざわざ弁護士にお願いするまでもないが、念のために簡単に見てくれればよい」という言葉です。

　私は、こういう発言を聞くと、「ああ、事の重大性がわかっていないな…」と残念になります。

② 契約書チェックの重要性

　契約書こそ、将来の紛争を未然に予防、回避するための防波堤であり、いざ紛争が生じたときでも紛争が激化せぬよう解決の指針を定める道標となるものなのです。

　つまり、契約書を締結する前に弁護士に相談してきちんとチェックしておけば、ほとんどの紛争は予防、回避することができ、仮に紛争となっても泥沼化せずに解決することが可能となるのです。

　裁判になったときに弁護士を依頼するのが一般的ですが、弁護士の立場からすると、そもそも紛争が起きないようにするため、契約書のチェック段階から弁護士を依頼活用して欲しいものです。

　経済的合理性の観点からみても、そのほうが結局は、裁判手続になった場合よりも弁護士費用も少なくて済むのです。

第3章
頻出条項に関するチェックポイント（これをミスすると大変!）

31 契約期間に関する条項
契約期間は明記されているか

ケース研究 契約期間が明記されていないケース

第○条　本契約の期間は契約日から開始する。

　　　　　　　　　　　　　　　終了はいつなのかが、わからない

① この条文は、契約期間の開始日を定めていますが、期間終了日が記載されていません。つまり、この書き方では契約期間を明記していないことになります。

② しかし、例えば、契約当事者が、契約関係の一定期間の継続を予定して契約する場合、逆にいうと、一定期間経過後に契約関係を一区切りすることを予定して契約する場合があります。

そのような場合に契約期間が明記されていないと、期間満了という契約終了事由がないので、当事者が当初予定していた一定期間の経過後に契約関係を解消するためには、他の終了事由を根拠にして契約を終了させることを検討せざるをえなくなります。

このように、契約期間を明記していないと紛争の原因になるおそれがあるのです。

第○条　本契約の期間は契約日から3年間とする。

　　　　　　　　期間を明確にする

一定期間経過後に契約関係を一区切りしたいと考える場合には、このように契約期間を明記すべきでしょう。それによって紛争の原因を事前に解消することができ、将来の紛争予防に役立つことになります。

解説

1 | 契約期間を明記しないと危険！

(1) 契約期間の明記が問題となる場合

　例えば、売買契約のように基本的に1回の取引で契約関係が終了する場合には契約期間は特段問題にはなりません。しかし、契約関係が一定期間継続することを予定して契約を締結する場合、契約期間を明記するか否かで大きな差異が生じてしまいます。

(2) 契約期間を明記しない場合のリスク

　契約期間を明記しておけば、期間満了という事実が契約終了事由になります。しかし、契約期間を明記していないと、期間満了という契約終了事由がないことになるので、他の事由を根拠にして契約を終了させることを検討せざるをえなくなります。

　仮に、当事者の一方が、一定期間経過後に「契約関係を終了させる機会が欲しい」と考えていたとしても、契約書に契約期間を明記しておかないと、契約継続を希望する相手方との間で対立が生じ、紛争に発展する可能性があります。つまり、契約書に契約期間を明記しないと、将来の紛争の原因となるおそれがあるのです。

2 | 契約期間を明記する場合の注意点

(1) 契約期間を明記すべき場合

　このように当事者が、一定期間経過後に契約関係を一区切りさせる機会が欲しいと考えている場合には、紛争予防、紛争回避のためにも、契約期間を明記する必要があります。

(2) 起算点と満了点

　契約期間を明記するには、起算点と満了点を記載します。例えば、「本契約の期間は令和2年7月1日から3年間とする。」、「本契約の期間は令和2年7月1日から令和5年6月30日までとする。」等と記載するのが一般的です。

　ちなみに、日、週、月または年によって期間を定めたときは、法律上、期間の初日は算入しない（初日不算入）のが原則とされており、ただし、例外的にその期間が午前零時から始まるときは、この限りでないとされているので、注意してください（民法140条）。

32 契約期間の更新条項はあるか

契約期間に関する条項

ケース研究 契約期間の更新条項が記載されていないケース

第○条 本契約の期間は令和2年7月1日から1年間とする。
（更新条項なし）

更新についての定めがないので、契約が終了する

① この条文は、契約期間が令和2年7月1日から令和3年6月30日までの1年間であると定めています。そうすると法律上、原則として令和3年6月30日で契約が終了します。

② もし、当事者の一方が、令和3年7月1日以降も少なくとも数年間は契約が継続することを期待して契約を締結していたとしても、この条文からは当然にはそのような結論にはならないのです。その結果、この条文のままだと、当事者間で契約を継続するか否かで意見の対立が生じるおそれがあります。

第○条 本契約の期間は令和2年7月1日から1年間とする。ただし、期間満了の3ヶ月前までに当事者のいずれからも契約を更新しない旨の通知がないときは、本契約は1年間更新する。以後も同様とする。

更新条項があれば、終了か継続かで紛争とならない

このような更新条項を定めておけば、当事者に期間満了によって契約を終了させるか継続させるかの判断のチャンスが与えられ、臨機応変に対応することができて便利です。また、更新条項を規定することは、契約継続に関する意見対立を未然に防止することができるので、将来の紛争予防に役立つことにもなります。

解説

1　更新条項がないと面倒で煩雑なことになる!

(1) 契約期間の明記

　契約関係が一定期間継続することが予定されている場合には、契約期間を明記することが重要です。契約期間を明記しておけば、契約期間満了によって契約は原則として終了するので、これによって契約終了に関する紛争を未然に防止することができることになります。

(2) 契約期間を明記した場合における契約関係の継続方法

　しかし、契約期間を明記すると、仮に、当事者が、期間満了後もその契約を同一内容で継続したいと考えた場合であっても、原則として契約期間が満了することによって契約は終了してしまいます。したがって、当事者としては、別途、契約期間を延長する合意をするか、いったん契約を終了させた上で新規契約を締結しなければなりません。

　これは、現実問題として結構、面倒かつ煩雑な手順であり、紛争の原因となるおそれもあります。

2　更新条項を規定する場合の注意点!

(1) 更新条項の必要性

　このように、当事者が、契約期間満了後に契約関係を継続させる可能性があると予想した場合には、契約書の中に、更新条項を規定しておいたほうが便利です。

(2) 更新条項の記載方法

　問題は、更新条項の書き方です。

　例えば、「期間満了の3か月前までに甲または乙から更新しない旨の通知がない場合に更新する」という書き方が巷に溢れています。

　しかし、これだと、「甲または乙」＝「甲or乙」、つまり、甲と乙のどちらか一方でも通知がなければ更新する、という意味になってしまいます。逆にいうと、甲が更新しない旨の通知をして乙がしなかった場合でも更新することになるのです。

　これでは更新しない通知をした甲は、意に反して更新を強制されてしまいます。このような書き方は、紛争の原因となるので注意が必要です。

　そこで、例えば、「甲または乙から」を「当事者のいずれからも」と修正すれば、甲と乙の双方とも更新を希望した場合に限って更新することになるので、紛争の原因を解消することができるのです。

33 | 契約期間に関する条項
契約期間途中の解約条項が規定されているか

ケース研究 途中解約条項が記載されていないケース

> 第○条　本契約の期間は令和2年7月1日から2年間とする。
> 第△条　（途中解約条項なし）
> ──── 途中解約条項がないので、
> 　　　原則として、期間満了まで終了しない

① この契約は、契約期間が令和2年7月1日から令和4年6月30日までの2年間であると定める一方で、契約途中で特段相手方に何らの事由がなくても他方当事者の都合で契約を解約することができるという定め（途中解約条項）を設けていません。

② そうすると、契約期間満了前に契約関係を解消する方法としては、原則として、①一方当事者が解除することができると定める解除条項に基づく解除、②債務不履行に基づく法定解除（民法541条〜543条等）、③合意解除くらいしかありません。

③ もし契約期間満了前に、つまり契約期間の途中で、当方の都合で契約関係を解消したい局面になった場合でも、①②③に該当しない限り、期間満了まで契約関係を継続せざるをえなくなります。その場合に、強引に契約関係の解消を進めようとすると、相手方との間で紛争に発展してしまいます。

第○条　本契約の期間は令和2年7月1日から2年間とする。
第△条　甲は、乙に対し、本契約期間満了前に、何らの理由なくいつでも本契約を解約することができる。

　　　　　　　　　　　　　　　　　　　　　自己の都合で終了させられる

　このような途中解約条項を定めておけば、甲は自己の都合で自由に契約関係を終了させることができるので、契約締結後の状況変化に臨機応変に対応することができます。また、乙も途中解約条項を承知の上で契約を締結しているので、原則として乙もこの途中解約条項に拘束されることになります。このように当事者双方が了解して途中解約条項を規定した場合には、基本的に紛争予防に役立つことになります。

解　説

1 ｜ 契約期間途中で契約関係を解消する方法

　契約関係が一定期間継続する場合、契約期間が規定されているので、原則としてその契約期間が満了するまでは契約関係は有効に継続します。契約期間が規定された場合、契約期間満了前に、つまり契約期間の途中で契約関係を解消する方法としては、実務上、次の三つが代表的な方法です。

(1) 解除条項に基づく解除

　相手方に生じた事由に基づき他方当事者が解除することができると定める条項です。一般的な解除事由としては、以下のものがあります。

```
・手形小切手の不渡処分
・銀行取引停止処分
・支払停止
・支払不能
・仮差押、仮処分
・差押え
・強制執行
・競売
・租税滞納処分
・破産、民事再生、会社更生等の手続の申立や開始決定
・解散
・合併
・事業譲渡　　　等
```

(2) 債務不履行に基づく法定解除（民法541条～543条参照）

　民法541条等で定める債務不履行に基づく解除は、契約書にその旨を規定していなくても、民法の条文を根拠として解除することができます（法定解除）。

　ただし、実務的には、上記(1)の解除条項の解除事由の一つとして「本契約に定める債務を履行しないとき」とか「本契約に定める条項に違反したとき」等という表現で規定しておくことが多いようです。

(3) 合意解除

　当事者双方が契約関係の解消に合意することによって契約関係を解消する方法です。当事者双方の合意に基づくものなので、契約期間満了前でもいつでも合意解除することができます。

2　途中解約条項を規定する必要性!

(1) 途中解約条項の必要性

　契約期間満了前に、契約関係を解消したいと考える局面に立たされることは多々あります。そのときに、上記の三つの方法で対応可能であれば問題はありません。し

かし、解除事由はない、債務不履行もない、相手方は合意解除に応じないという場合に、それにもかかわらず契約を解消したいという事情が生じることが現実には起きてしまいます。

　もちろん、経済的、ビジネス的観点から契約期間満了まで待つ余裕があれば期間満了によって契約を終了させればよいのですが、契約期間満了まで待つ余裕のないこともあります。そのときに、強引に契約を終了させようとすると、相手方との間で紛争に発展してしまいます。

　そこで、そのような場合に備えて、予め契約期間満了前に途中解約できる旨の条文を定めておくことが必要となります。

(2) 業務委託契約における一例

　業務委託契約において、委託した業務の出来映えが期待外れであれば、委託者としては、すぐにでも契約を解消したいと考えるのは当たり前のことです。そのときに、途中解約条項がないと、なかなか簡単には契約を解消することができません。

　業務委託契約は、請負契約と異なり、原則として仕事の完成は要件とならないので、たとえ出来映えが期待外れでも、委託された業務を処理している以上は債務不履行にはなりません。そうすると、委託者としては、期待外れの出来映えであっても、受託者が委託業務を遂行している以上、期間満了までの間、委託料を支払い続けなければならないことになります。

　委託者としては、これは非常に困った事態です。

(3) 途中解約条項の作成上の注意点

　契約期間の途中で契約を解約することができる途中解約条項を定める場合、例えば、「甲は、乙に対し、本契約期間満了前に、何らの理由なくいつでも本契約を解約することができる。」と定めれば、甲の都合でいつでも自由に途中解約することができます。

　ただし、乙から、「乙も途中解約したい」とか、「準備の都合があるので途中解約申し入れは1か月前にして欲しい」「途中解約された場合の補償を規定して欲しい」等の希望があれば、当事者間で協議の上、条項を修正することになります。

　このようにして、途中解約条項を規定しておけば、いざ契約期間満了前に契約

途中で契約関係を解消したいというときに対応可能となり、将来の紛争を予防することが可能となります。

もっとも、乙の修正希望の対案が、甲としてはどうしても了解できない場合には、途中解約条項を規定する場合のメリット、デメリットと規定しない場合のメリット、デメリットを比較考量して、あえて途中解約条項を規定しないという選択をすることもあるでしょう。

3 乙の立場から見た途中解約条項の検討!

ところで、甲から「途中解約条項を契約書に盛り込みたい」といわれた乙の立場で途中解約条項の採否を検討してみましょう。甲が、何らかの意図、予感があって契約期間の途中で解約できる余地を残したいという希望を述べていることを前提とします。

(1) 乙も契約期間の途中で解約できるとよいと考えている場合

乙も契約期間の途中で解約できるとよいと考えているのであれば、途中解約条項を契約書に盛り込むこと自体は了解してよいでしょう。ただし、主語は「甲は、乙に対し、」ではなく、「甲または乙は、相手方に対し」とすべきでしょう。

(2) 乙は契約期間満了まで契約を継続したいと考えている場合

乙としては、契約期間満了まで契約を解消する予定はなく、何事もなく契約期間満了まで契約を継続したいと考えている場合はどうでしょうか。この場合、乙にとって、途中解約条項は有害無益といえるでしょう。したがって、以下の判断が必要になってきます。

①途中解約条項に反対する

まず、乙としては、甲の途中解約条項の希望に反対すべきでしょう。その結果、甲が途中解約条項の希望を撤回してくれれば、問題は解決します。

②経営判断

　甲がそれで諦めてくれればよいのですが、甲が途中解約条項を諦めず、「契約締結の絶対条件だ」と主張したときは、乙としては、自己が望まない途中解約条項の不利益を甘受してでも契約を締結するか、契約締結自体を断念するかの決断を迫られることになります。これは、契約締結によるメリットと法的リスクの比較考量という経営判断レベルの問題となります。

　やむなく途中解約条項を入れることを了承した場合でも、乙としては、途中解約によって想定外の不利益を被らないようにするために、「甲は乙に対し、途中解約する旨を解約日の1か月前に通知する」とか「甲は乙に対し、途中解約によって乙に生じた損害を賠償する」等の条項を追加し、途中解約になった場合の不利益を最小限にできるように甲と交渉することが重要でしょう。

> 実践的
> アドバイス
> 11

債務履行のタイムリミットが確定日付になっていると大変!

1 債務履行のタイムリミット

契約書に債務の履行について定める場合、確定期限を付すことが一般的です。例えば、「令和4年9月1日限り支払う。」という形です。つまり、いつまでに債務を履行せよ、というタイムリミットを設定するのです。

債務の履行について確定期限があるときは、債務者は、その期限の到来したときから遅滞の責任（債務不履行責任）を負うことになります（民法412条1項）。

2 確定期限がある場合と期限の利益の放棄

債務の履行について確定期限がある場合、債務者が、その確定期限より前に債務を履行することは可能です。債務者は期限の利益を放棄することができるからです（民法136条2項）。

要するに、債務者は、債務履行の確定期限が到来するまでは債務を履行することができるのです。

3 債務履行が確定日付の場合

ところが、債務の履行について確定「期限」ではなく確定「日付」で定めている契約書が意外に多くあります。例えば、「甲は乙に対し、前項の金員を令和4年9月1日に支払う。」のようなケースです。

この場合、本当にピンポイントでその日に支払うという合意をしたのであれば構わないのですが、ほとんどは確定期限を定めるつもりで誤って確定日付を記載しているようです。

確定日付で履行日を設定すると、その日より前に履行することができなくなります。確

定日付の日だけに限定して履行するという合意だからです。「確定期限」とすべきところを、「確定日付」と契約書に記載して後で困る、という事態にならないよう、十分注意してください。

実践的アドバイス 12 契約期間と債務履行期限に齟齬があると大変!

① 契約期間

　継続的な契約関係の場合、契約書の中に、契約期間(有効期間)を定めるのが通常です。期間が満了する場合に一定の条件の下で契約を更新する旨の更新条項を定めるか否かは、契約書を作成する段階での当事者の事情次第です。更新しない場合は、期間満了によって契約は終了します。

② 債務履行期限

　また、契約書に債務の履行について定める場合、確定期限を付すことが一般的です。例えば、「令和4年9月1日限り支払う。」という形です。つまり、「いつまでに債務を履行せよ」というタイムリミットを設定するのです。
　債務の履行について確定期限があるときは、債務者は、その期限の到来したときから遅滞の責任(債務不履行責任)を負うことになります(民法412条1項)。

③ 契約期間と債務履行期限の齟齬

　したがって、理論上、債務履行期限は契約期間内でなければなりません。しかし、現実には、契約期間満了後に債務履行の期限を設定している契約書をよく目にします。例えば、賃貸借契約の契約期間が令和3年8月末日に終了するのに、賃借人が令和4年3月末日まで賃料を支払うというようなケースです。
　読者は、ありえない話と思うでしょうが、実際にはよくある話なのです。おそらく、条文間の整合性にあまり注意を払わずに契約書に調印した結果だと思います。

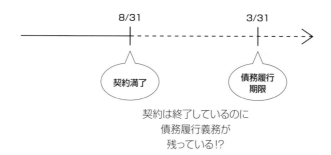

　契約書を調印する際には、必ず条文を精査して、条文間の整合性にも注意を払って、紛争の原因となりそうな問題点をできるだけ解決しておくことが必要です。

34 金銭の支払方法は明記されているか

金銭支払に関する条項

> **ケース研究** 金銭の支払方法が明記されていないケース

第○条　甲は、乙に対し、金100万円を支払う。
（支払方法の記載なし）
　　　　　　　　　　──支払方法がわからない

① この条文は、甲が乙に対して金100万円を支払う旨を定めています。しかし、この条文は「金100万円をどのようにして支払うのか」については規定していません。この条文からは、甲がどのような方法で乙に対し金100万円を支払うのかがわからないのです。

② 例えば、金銭支払の場所について考えてみると、当事者の別段の意思表示がない場合には、乙の現在の住所で行う(持参債務の原則)ことになります(民法484条参照)。もし、乙が遠方に住んでいた場合、甲は現金100万円を乙の住所まで持っていかなければならない可能性があります。

③ また、金100万円の支払方法として、現金で支払うのか、それとも銀行等金融機関口座への送金でよいのかについても記載されていないので、当事者間で意見の相違が生じるおそれがあります。

④ このように、契約書に金銭の支払について規定した場合にその支払方法について規定しないと、後日、当事者間で紛争となる可能性があるので、支払方法についても必ず規定する必要があるのです。

> 第○条　甲は、乙に対し、金100万円を支払う。
> 第△条　甲は、乙に対し、前条の金100万円を、乙の指定する金融機関の口座に送金する方法にて支払う。
>
> ——どのように支払うかがわかる

OK

　このように、金銭の支払方法を定めておけば、金銭支払に関する紛争を未然に予防することができます。ほとんどの契約は、何らかの金銭支払を伴う形で構成されているので、金銭支払方法に関して明記することは紛争予防、紛争解決のための必須のポイントといえるでしょう。

解説

1　金銭の支払方法について明記することの重要性

(1) 金銭支払を伴う契約

　多くの契約には、その内容として、金銭支払条項が規定されています。例えば、売買代金、賃貸借契約の賃料や共益費、業務委託契約の委託料、請負契約の請負代金、委任契約の委任報酬等がそうです。

(2) 金銭支払方法を明記しない契約書の危険性

　これらの金銭支払に関して、金額だけを規定してその支払方法を規定していない契約書がよくあります。

　しかし、契約書の中できちんと支払方法を規定しておかないと、いざ金銭を支払う段階になってどこでどのようにして支払うかについて、当事者間で意見が対立するおそれがあります。

　そこで、金銭の支払方法について明記する必要性が生じるのです。金銭の支払方法を明記することによって将来の紛争を予防することが可能となるのです。

2 金銭の支払方法に関する注意点

(1) 持参債務の原則

　金銭債務の弁済場所は、当事者の別段の意思表示がない場合には、債権者の現在の住所で行うのが原則です(持参債務の原則。民法484条参照)。もし、債権者が遠方に住んでいた場合、債務者は現金を債権者の住所まで持参することになる可能性があるのです。

　したがって、契約当事者が、持参債務ではない場所での弁済を希望する場合には、契約書に弁済場所に関する条項を規定しておく必要があります。

(2) 現金払いか銀行等金融機関口座への送金か？

　金銭債務を弁済する際、現金で支払うか、銀行等金融機関口座への送金とするのか、についても予め契約書に定めておかないと、いざ支払う段階になって当事者双方の意見が食い違ってしまい紛争に発展するおそれがあります。

　将来の紛争予防のためにも、現金払いか金融機関口座への送金かについてはきちんと契約書に規定しておいたほうがよいでしょう。

35 金銭支払に関する条項
送金手数料を誰が負担するのか明記されているか

ケース研究 送金手数料を誰が負担するのか記載されていないケース

第○条　甲は、乙に対し、金100万円を支払う。
第△条　甲は、乙に対し、前条の金員を乙の指定する銀行口座に送金する方法にて支払う。（送金手数料を誰が負担するかの記載なし）
　　　　　　　　　　　　└──送金手数料の負担者がわからない

① この条文は、甲が乙に対して金100万円を乙の指定する銀行口座に送金する方法で支払う旨を定めています。しかし、この条文には、送金手数料をどちらが負担するかが記載されていません。

② 例えば、送金手数料を甲が負担するのであれば、甲は金100万円と送金手数料の合計金額の支出をすることになります。他方、乙が送金手数料を負担するのであれば、甲は、金100万円から送金手数料を差し引いて送金することになります。

③ 送金手数料は送金額に比べれば小さな額ですが、送金回数が多数回に及ぶ場合等には送金手数料の負担もかなりの額になります。どちらが送金手数料を負担するのかを明記しておかないと、後日になって紛争の原因となりかねません。

　したがって、将来の紛争を予防、回避するためにも、銀行等金融機関の口座に送金する方法で支払う旨を規定した場合には、必ず、送金手数料をどちらの当事者が負担するかを明記する必要があるのです。

第○条　甲は、乙に対し、金100万円を支払う。
第△条　甲は、乙に対し、前条の金員を乙の指定する銀行口座に送金する方法にて支払う。送金手数料は甲の負担とする。

──送金手数料を誰が負担するかがわかる

　このように、送金手数料をどちらが負担するかを明記しておけば、後日の紛争を未然に予防することができます。多くの契約では、銀行等金融機関口座への送金での支払という方法が規定されているので、送金手数料を誰が負担するかを明記することは、紛争予防、紛争解決のための重要なポイントといえるでしょう。

解　説

1　送金手数料を誰が負担するかを明記することの重要性

(1) 金融機関口座への送金

　多くの契約には、その内容として、金銭支払条項が規定されています。例えば、売買代金、賃貸借契約の賃料や共益費、業務委託契約の委託料、請負契約の請負代金、委任契約の委任報酬等です。これらの金銭支払に関して、多くの契約書は、指定する銀行等金融機関の口座へ送金する方法で支払う旨を規定しています。

(2) 送金手数料の負担

　ところが、送金手数料を誰が負担するかについて触れていない契約書が非常に多く見られます。そうすると、いざ金銭を送金する段階になって、送金手数料を誰が負担するかについて当事者双方の意見が食い違うと、紛争に発展してしまいます。
　例えば、送金者(債務者)が、送金手数料は受領者(債権者)負担であると解釈して支払額から送金手数料を差し引いて送金した場合、もし受領者が送金手数料は送金者負担と考えていると、債権全額の弁済ではなく一部弁済にすぎないから債

務不履行だと主張する可能性もないとは言えません。

　また、送金手数料自体は送金額に比べれば少額かもしれませんが、多数回にわたると塵も積もれば山となるように、無視できない負担となります。

　送金手数料を誰が負担するかを確定することは、将来の紛争を未然に予防、回避するために必要な事柄といえるでしょう。

2　送金手数料負担条項の記載例

(1) 追記する記載方法

　銀行等金融機関の口座へ送金する方法で支払う場合には、必ず、送金手数料の負担条項を記載してください。

　例えば、銀行等金融機関の口座へ送金する方法で支払う旨の条文の末尾に追記する場合は、ケース研究「○」のように、「送金手数料は甲の負担とする。」というシンプルな表現で構いません。

(2) 別の条文にする記載方法

　銀行等金融機関の口座へ送金する方法で支払う旨の条文とは別の条文にする場合には、例えば、次の項に記載する場合は「2、前項の送金に要する送金手数料は甲の負担とする。」とし、次の条文に記載する場合は「第○条　前条に定める送金に要する送金手数料は甲の負担とする。」等と記載すれば十分です。

　とにかく、送金条項がある場合には、送金手数料を誰が負担するかを必ず書くようにしましょう。

〈次の項に記載する〉

> 　第△条　甲は、乙に対し、前条の金員を乙の指定する銀行口座に送金する方法にて支払う。
> 　2　前項の送金に要する送金手数料は甲の負担とする。

〈次の条文に記載する〉

第△条　甲は、乙に対し、前条の金員を乙の指定する銀行口座に送金する方法にて支払う。

第○条　前条に定める送金に要する送金手数料は甲の負担とする。

36 | 金銭支払に関する条項
金銭支払について支払期限が明記されているか

ケース研究 金銭支払について支払期限が記載されていないケース

第○条　甲は、乙に対し、金100万円を支払う。
第△条　(支払期限の定めなし)
　　　　└── 期限を明記しないとトラブルになる

① この条文(第○条)は、甲が乙に対して金100万円を支払う旨を定めています。しかし、この契約書には、支払期限を定めた条文がありません。もともと契約締結段階で支払期限を定めないで契約締結する場合は別にして、通常は、当事者双方が、契約締結前の交渉段階において支払期限をいつにするかについて、話し合って合意に達してから契約締結に至るのが普通です。そうであれば、合意に達した支払期限を契約書の条項に書き込めばよいだけの話なのですが、現実問題としては、支払期限の合意があるにもかかわらず、何故か支払期限を規定していない契約書がよくあります。

② そうすると、例えば、上記ケース研究の乙が、契約締結後1週間以内に支払ってもらえると思って請求したところ、甲が、いや1か月以内という約束のはずだと反論して支払わない、という可能性も生じてしまいます。

③ これでは、何のために契約書を締結するのかわかりません。金銭支払は多くの契約書において核心的な要素なので、その金銭支払の期限をせっかく合意したにもかかわらず契約書に規定しないというのは、画竜点睛を欠くどころか、トラブルの原因をわざわざ作ることになります。

第○条　甲は、乙に対し、金100万円を支払う。
第△条　甲は、乙に対し、前条の金員を令和4年8月末日限り、乙の指定する銀行口座に送金する方法にて支払う。送金手数料は甲の負担とする。

タイムリミットを明確にする

このように、いつまでに金銭を支払うという期限、タイムリミットを明確に規定しておけば、後日の紛争を未然に予防することができます。なお、支払方法として銀行口座への送金という方法を選択する場合はその旨を規定する必要があること、送金手数料をどちらが負担するかという点を明記する必要があること等の点も注意してください。

解説

1　金銭支払について支払期限を定めることの重要性

(1) 支払期限をもともと定めない場合

契約書を作成する段階で、もともと支払期限を定めないまま契約締結する場合があります。その場合、法律上、債務の履行について期限を定めなかったときは、債務者は、履行の請求を受けたときから遅滞の責任を負うことになっています(民法412条3項)。

(2) 支払期限の合意があるのに契約書に定めない場合

多くの契約には、その内容として、金銭支払条項が規定されています。例えば、売買代金、賃貸借契約の賃料や共益費、業務委託契約の委託料、請負契約の請負代金、委任契約の委任報酬等です。

ところが、これらの金銭支払に関して、当事者間に支払期限の合意があるにもかかわらず、支払期限を定めていない契約書がよくあります。通常の取引では、金銭支払は契約の中心的な課題なので、いつまでに支払うのかという支払期限について

は、契約締結前には合意に達しているのが普通です。

　そうであれば、合意に達した支払期限を契約書の条項に規定すればよいだけの話なのですが、現実問題としては、支払期限を規定していない契約書がよくあります。当事者間で合意に達したので安心したからか、それとも合意に達した以上わざわざ明記するまでもないと判断したからか、理由はいろいろとあるのでしょう。

　しかし、当事者間で支払期限について合意に達した以上、後日の紛争を回避するためには、契約書に支払期限を明記する必要があります。

2　支払期限を明記しない場合の危険性

(1) 支払期限の合意があるのに支払期限を明記しない場合の危険性

　支払期限を契約書に明記していないと、例えば、上記ケース研究の乙が、契約締結後1か月後が支払期限だと思って請求したところ、甲が、いや3か月後の約束のはずだと反論して支払を拒否する、という紛争に発展する可能性があります。

　また、例えば、甲が、1か月後が支払期限の約束だと信じていたところ、乙が、「この契約では支払期限を定めていないから、民法412条3項（「債務の履行について期限を定めなかったときは、債務者は、履行の請求を受けた時から遅滞の責任を負う。」）によって、請求された時に甲は支払わなければならない」と主張して契約締結後1週間後に請求してくる可能性もあります。

　これでは、何のために契約書を締結するのかわかりません。金銭支払は多くの契約の中心的な課題です。その重要な金銭支払について、せっかく当事者間で支払期限を合意したのであれば、必ず契約書に規定してください。

(2) 支払期限の記載例

　支払期限を定める場合、「令和4年8月末日限り」というように「限り」という表現を使用することが多いですが、この「限り」とは「までに」という意味で、タイムリミットを意味します。

　支払期限を定めた場合、条文の規定の書き方としては、例えば、
　「甲は、乙に対し、金100万円を令和4年8月末日限り、支払う。」
と書くのがベーシックの基本形となります。

ところで、支払方法として銀行送金を採用する場合は、
「乙の指定する銀行口座に送金する方法にて支払う。送金手数料は甲の負担とする。」
と書くことになるので、両方を合わせると、
「甲は、乙に対し、金100万円を令和4年8月末日限り、乙の指定する銀行口座に送金する方法にて支払う。送金手数料は甲の負担とする。」
となります。この書き方は基本形のヴァリエーション（応用形）としてよく使用する定型パターンですので、活用してください。

〈基本形〉

第○条　甲は、乙に対し、金100万円を令和4年8月末日限り、支払う。

〈応用形〉

第□条　甲は、乙に対し、金100万円を令和4年8月末日限り、乙の指定する銀行口座に送金する方法にて支払う。送金手数料は甲の負担とする。

37 金銭支払に関する条項
金銭の分割払いの場合に期限の利益喪失条項の規定があるか

ケース研究 金銭の分割払いの場合に期限の利益喪失条項が規定されていないケース

> 第○条　甲は、乙に対し、前条に定める金100万円を、各回金10万円ずつ全10回に分割して、令和4年1月から令和4年10月まで毎月末日限り、金10万円ずつ支払う。
> 第△条　(期限の利益喪失条項なし)
> 　　　　└──明確に定めないと紛争の原因となる

① この条文(第○条)は、甲が乙に対して金100万円を毎回金10万円ずつ全10回の分割払いで支払う旨を定めています。このような分割払いの場合に、1回でも支払を怠ったら、そこで分割払いは止めて残金一括払いにするという約束をすることができます。これは「期限の利益喪失条項」と呼ばれています。分割払いを定める場合には、ワンセットで期限の利益喪失条項を定めることが一般的です。

② ところで、このケース研究「×」の契約書には、期限の利益の喪失を定めた条文(期限の利益喪失条項)がありません。もちろん、甲乙が、期限の利益喪失条項を定めないと合意している場合には、期限の利益喪失条項がないのは当然なので、甲乙間でその点について紛争が起きることはないでしょう。

③ しかし、甲乙が期限の利益喪失条項を定めると合意していたにもかかわらず契約書に定めなかった場合や、甲乙間で期限の利益喪失条項の有無について合意をしないまま契約書を作成してしまった場合には、後日になって期限の利

益を喪失するのかどうかについて甲乙間で意見が対立し、紛争に発展する可能性があります。

これでは、何のために契約書を作成するのかわかりません。

> 第○条　甲は、乙に対し、前条に定める金100万円を、各回金10万円ずつ全10回に分割して、令和4年1月から令和4年10月まで毎月末日限り、金10万円ずつ支払う。
> 第△条　甲は、前条の<u>分割払いの支払を1回でも怠った場合には、期限の利益を失い、</u>直ちに乙に対し、金100万円から支払済金額を控除した残金を一括して支払う。
> 　　　　　　　　　　　　　期限の利益喪失について明確に定める

甲乙が期限の利益喪失条項は定めないと合意した場合は別として、そうでない場合には、このように、分割払いの支払を1回でも怠ったときは期限の利益を失うと規定しておけば、この点に関する紛争は回避することができます。

解説

1　期限の利益の喪失

(1) 期限の利益

　期限の利益とは、期限が付されていることによって、その間に当事者が受ける利益のことです。例えば、金銭の支払期限を定めた場合、支払義務者(債務者)はその期限が到来するまでは支払が猶予されることになります。これは債務者にとって大きなメリットです。どちらの当事者が期限の利益を受けているかはケースバイケースです。もっとも、一般的に、債務の履行に期限が付されるのは債務者に履行の猶予を与えるためなので、期限は、債務者の利益のために定めたものと推定されています（民法136条1項）。

(2) 期限の利益の喪失

このように期限は債務者の利益のために定めたものと推定されていますが、次の場合には債務者は期限の利益を主張することができません（民法137条）。

① 債務者が破産手続開始の決定を受けたとき
② 債務者が担保を滅失させ、損傷させ、または減少させたとき
③ 債務者が担保を供する義務を負う場合において、これを供しないとき

ここで、「期限の利益を主張することができない」とは、直ちに債務を弁済しなければならない、ということです。

(3) 期限の利益喪失条項

民法137条が規定する他にも、当事者間の契約で、一定の事実があるときに期限の利益を失う旨を定めた場合（期限の利益喪失条項）には、債務者は期限の利益を失います。例えば、分割払債務で債務者が1回でも弁済を怠った場合には債務者が期限の利益を失う旨を合意する場合です。

(4) 分割払いと期限の利益喪失条項

期限の利益喪失条項は、金銭の分割払いの合意とワンセットで定めることが一般的です。

では、金銭の分割払いの場合に期限の利益喪失条項を定めないとどうなるのでしょうか。その場合は、分割払いの各回ごとに各別に順次、弁済期限が到来するだけの話です。つまり、分割払いを1回怠った場合、その回については債務不履行の問題となりますが、その次以降の回については弁済期限が到来していないので債務者は支払を猶予されたままとなります。

2 分割払いにおいて期限の利益喪失条項の規定がない場合

(1) 期限の利益喪失条項を定めない合意がある場合

当事者が、分割払いの合意をした場合に、期限の利益喪失条項を定めないと合意することもあります。その場合は当然、契約書には期限の利益喪失条項の規定は登場しませんし、期限の利益喪失条項の規定がないことに起因する当事者間の

紛争もおそらく発生しないでしょう。

(2) 期限の利益喪失条項を定めない合意がない場合

例えば、当事者が期限の利益喪失条項を定める合意をしたのに契約書に規定がない場合や当事者が期限の利益喪失条項の有無について合意しないまま契約書を作成してしまった場合は、後日になって期限の利益を喪失するのかどうかについて、当事者間で意見が対立し、紛争に発展する可能性があります。

例えば、ケース研究「×」には期限の利益喪失条項がありませんが、この場合に、甲乙間で期限の利益喪失条項を定める合意があったとします。すると、甲にとっては期限の利益を喪失するのはデメリットですから、「契約書に規定されていない以上、そのような合意は失効した」と主張する可能性があります。これに対し、乙は、「契約書には記載していないが事前に期限の利益喪失条項の口約束があり口約束も約束だから、期限の利益は喪失した」と主張することが考えられます。

(3) 期限の利益喪失条項を規定することの重要性

このように、当事者が期限の利益喪失条項を定めない旨の合意をしていない場合に契約書に期限の利益喪失条項の規定がないと、後日の紛争の原因になります。

将来の紛争予防のためには、分割払いの場合において期限の利益喪失条項がワンセットで規定されることが一般的であるという点を忘れてはなりません。

3 甲乙の有利不利

ケース研究の甲は、分割払いの債務者なので、期限の利益を喪失することは不利になります。甲の立場にある場合は、期限の利益喪失条項を定めない旨の合意をした上で、契約書に期限の利益喪失条項を規定しないことが重要です。

逆に、乙は、期限の利益を喪失させて残金一括払いとしたほうが有利なので、契約書に期限の利益喪失条項を規定する方向で合意することが重要です。

実践的アドバイス 13　金銭の支払にプレッシャーを与える方法!

❶ プレッシャー条項の必要性

　契約書において金銭の支払を定める場合、債務者が約束の支払期限にきちんと支払ってくれれば問題ありませんが、現実には必ずしもそうならない場合が数多くあります。

　そこで、債権者としては、金銭支払をより確実なものとするために、契約書作成段階から、債務者に対し金銭支払のプレッシャーを与えるための工夫をしなければなりません。

❷ 具体的方法

実務上は、次のような方策で対処しています。
① 支払うまでの間、遅延損害金が発生し続けることを契約書に明示する(早く支払わないと遅延損害金が増え続ける!)。
② 契約を解除することができる旨を契約書に明示する(解除条項がなくても民法により債務不履行に基づく解除は可能であるが、解除条項に明示するのが一般的!)。
③ 違約金を契約書に定める。
④ 分割払いの場合には期限の利益を喪失する旨を契約書に定める。

　これによって、債務者に対し、金銭支払に向けたプレッシャーを与えることができるのです。

実践的アドバイス 14 動産の「引渡し」には4類型がある！

❶ 動産の「引渡し」の意味

売買等で動産の所有権が移転（譲渡）する場合、その所有権の譲渡を第三者に対抗するためには「引渡し」がなければなりません（民法178条）。

❷ 「引渡し」の4類型

では、「引渡し」とはどのようなことを指すのでしょうか。次の四つの類型があります。

①現実の引渡し（民法182条1項）
　現実の引渡しとは、占有の引渡しということです。

②簡易の引渡し（民法182条2項）
　譲渡の場合の譲受人が、譲り受ける前からすでに動産を所持している場合には、当事者の意思表示のみで引渡しができます。

③占有改定（民法183条）
　譲渡の場合の譲渡人が、譲渡後も引き続き譲受人の代理人として所持する場合には、その旨の意思表示のみで引渡しができます。

④指図による占有移転（民法184条）
　第三者が譲渡の目的物を所持している場合に、譲渡人が、当該第三者に対し以後譲受人のために占有せよと命じて、譲受人がこれを承諾することによってなされます。

❸ 簡易の引渡しは引渡不要ではない！

　しかし、例えば、動産の売買で、売買契約前から買主が動産を所持している場合、売買契約が成立しても、現実には動産は目に見える形では移動しません。そのため、「この場合には、引渡しが不要ではないか」等と早合点して、契約書に引渡し完了に関する条文を記載しないことがよくあります。それどころか、わざわざ契約書に「本件売買では引渡しは行わないことにする」と規定してしまう契約書も現実にあります。

　そうすると、引渡しがなかったと解釈することができるので、第三者との間で動産の所有権の帰属について紛争が生じるリスクが高くなります。

　「簡易の引渡し」は当事者が、「引渡しあり」と合意すれば足りるので、必ず、契約書の中に「簡易の引渡しにより引渡しが完了」した旨を記載しましょう。

38 契約の終了原因は規定されているか

契約終了に関する条項

| ケース研究 | 契約の終了原因が規定されていないケース |

第○条 (契約の終了原因が規定されていない)
　　　　　　　　└──契約を終了させたいときに、できない可能性がある

① この契約書には、契約の終了原因が規定されていません。もちろん、債務者が債務を履行しない場合には債務不履行となり、法律上、債権者は契約を解除することができます(民法541条等の法定解除)。また、当事者が契約関係を解消することを合意すれば契約は解消します(合意解除)。契約期間が規定されていれば期間満了によって終了します。

② しかし、これらの契約終了原因以外の事情に基づいて契約を終了させるには、予め契約書に契約終了原因として規定しておかなければなりません。そのような規定がない場合には、法定解除事由等がない以上、一方当事者にとって都合が悪くなったからといって契約を解除することはできません。

③ 例えば、契約期間の途中で相手方の経営が悪化して信用に不安が生じたときに、そのような相手方と取引していること自体がデメリットであるから契約を終了したいと思っても、法定解除事由がない限り法定解除はできず、相手方が応じない限り合意解除もできません。

④ そうすると、契約期間が満了するまで、信用不安に陥っていく相手方との契約関係に拘束され続けることになります。このような事態は、社会経済状況に応じ

て臨機応変に対応することが要求されるビジネス取引においては、非常に好ましくない展開といえるでしょう。

⑤ そのような場合を回避するためには、予想される契約終了原因を契約書に明確に規定しておく必要があります。そうでないと、場合によっては契約終了に関して紛争が生じるおそれがあります。

第○条　甲は、乙が次の事由のいずれか一つにでも該当した場合は、本契約を解除することができる。　　　　　　　　解除事由を明記する
1、本契約の条項に違反したとき。
2、仮差押、仮処分、差押または競売の申立を受けたとき。
3、破産手続開始、民事再生手続開始、会社更生手続開始の申立があったとき。
4、その他、本契約を継続することが困難であると判断したとき。
第△条　甲は、乙に対し、本契約期間満了前に、何らの理由なく何時でも本契約を解約することができる。

この第○条のように解除事由を明記しておけば、原則として、解除事由が発生したときに解除することができます。また、第△条のように途中解約条項を規定しておけば、特に何らかの事由がなくても期間満了前に契約を解消することができます。これにより、契約終了に関する当事者の紛争を未然に防止することができるのです。

解説

1 契約の終了原因

実務上重要な契約の終了原因は、次のとおりです。

(1) 期間満了

　契約期間が規定されて契約関係が一定期間継続する場合、原則としてその契約期間が満了すれば、契約は終了します。

(2) 法定解除(民法541条〜543条参照)

　民法541条等で定める債務不履行に基づく解除は、契約書にその旨を規定していなくても、民法を根拠として解除することができます。

(3) 合意解除

　当事者双方が契約関係の解消に合意することによって契約関係を解消する方法です。当事者双方の合意に基づくものなので、契約期間満了前でも、いつでも合意解除することができます。

(4) 解除条項に基づく解除

　相手方に生じた事由に基づき他方当事者が解除することができると定める条項です。解除事由としては、手形小切手の不渡処分、銀行取引停止処分、支払停止、支払不能、仮差押、仮処分、差押え、強制執行、競売、租税滞納処分、破産・民事再生・会社更生等の手続の申立や開始決定、解散、合併、事業譲渡等が規定されるのが一般的です。

　上記ケース研究の「○」の第○条はこの一例です。

(5) 途中解約条項

　契約期間満了前に、契約関係を解消したいと考える局面に立たされることは多々あります。そのような場合に備えて契約期間途中でも契約を解消できる旨を契約書に規定しておくと便利です。

　上記ケース研究の「○」の第△条はこの一例です。

2 契約終了原因を契約書に定める必要性

(1) 契約終了原因を契約書に規定していない場合の選択肢

　契約書に契約の終了原因を規定していなくても、債務者が債務を履行しない場合には債務不履行が問題となり、法律上、債権者は契約を解除することができます（民法541条等。上記1(2)の法定解除）。

　また、契約書に契約の終了原因として規定していなくても、当事者が契約関係を解消する旨を合意すれば契約を解消することができます（上記1(3)の合意解除）。

　契約の終了原因はそれで十分というケースであれば、特に契約書に契約終了原因を規定する必要性は乏しいでしょう。

(2) 契約終了原因を契約書に規定する必要性

　しかし、上記1に挙げた契約終了原因の(1)期間満了、(4)解除条項に基づく解除、(5)途中解約条項は、契約書に記載しないと効力が生じません。したがって、法定解除や合意解除以外の事情に基づいて契約を終了させるためには、予め契約書にこれらの契約終了原因を規定しておく必要があるのです。そうでないと、法定解除事由がない限り、一方当事者にとって都合が悪くなったからといって一方的に契約を解除することはできないのです。

　例えば、相手方が社会的に非難されるようなマイナスイメージを受ける事態に陥ったとき、そのような相手方と取引していること自体がイメージダウンとなりかねないことがよくあります。その場合、早急に契約関係を終了させたいと思うのはビジネス上の判断として当然のことでしょう。しかし、そのような場合に契約を終了させることができる旨を契約書に規定していないと、いくら契約を終了したいと思っても、法定解除事由がない限り法定解除はできず、相手方が応じない限り合意解除もできません。

　それでは、社会経済の状況に応じて臨機応変に対応することが要求されるビジネス社会において進退窮まることになりかねません。

　したがって、そのような場合を回避するためには、将来利用することが予想される契約終了原因のメニューを契約書に明確に規定しておく必要があるでしょう。そうでないと、場合によっては契約終了に関して紛争が生じるおそれがあります。

3 契約終了原因を契約書に定める場合の注意点

(1) どの契約終了原因を契約書に規定するかの判断基準

①契約終了原因を規定したほうがメリットがある場合

　契約関係を終了させるメニューが多いほうが、将来的に臨機応変に対応できて便利であると考える場合には、契約終了原因のパターンをできるだけ多く契約書に盛り込むようにするとよいでしょう。

②契約終了原因を規定しない方がメリットがある場合

　逆に、その契約については契約関係を継続することこそが重大課題となっており、自分のほうから契約関係を解消すること等到底考えられない、という場合には、相手方から簡単に契約を解消されないためにも、契約終了原因のメニューを契約書に規定しない方向で契約書を作成すべきでしょう。

(2) 契約書文案作成段階での妥協と折り合い

　もちろん、契約書は当事者双方が納得した上で調印するものなので、契約書の締結に至るためには、どこかで妥協して折り合いをつける必要がありますが、契約書の文案作成段階では、①か②のいずれが自分にとって有利か、メリットがあるか、デメリットが少ないか、という観点を忘れないようにしてください。

(3) 甲乙の有利不利の検討

①甲の立場

　上記ケース研究の「○」の第○条と第△条は、いずれも甲を主語としています。これは、甲が契約終了の主導権を握る形の規定の仕方です。

　甲としては、相手方の乙がこれで了解して契約書に調印してくれれば、甲が契約関係の終了の可否を臨機応変に決断できる立場に立つことになるので、甲に有利な契約書となるでしょう。

②乙の立場

　逆に、乙の立場で考えてみます。乙が、甲だけでなく自分も臨機応変に契約終

了の権限を取得したいと考える場合には、主語を甲だけにするのではなく乙も主語に追加するよう、甲と交渉すべきでしょう。例えば、上記ケース研究「○」の第○条の「甲は、乙が」を「甲または乙は、相手方が」と修正したり、第△条の「甲は、乙に対し」を「甲または乙は、相手方に対し」と修正するのです。

　ただし、甲が、上記ケース研究の「○」の第○条と第△条を契約書に規定しないならばこの契約書には調印しないという頑なスタンスの場合、乙としてはどうしてもその契約を締結したいときには、不利を承知で調印するしかないでしょう。

　それは法的リスクと契約締結によるメリットとの比較考量という、経営判断のレベルの問題となります。

39 契約終了に関する条項
解除条項の解除事由は限定列挙か例示列挙か

ケース研究 解除条項の解除事由が限定列挙となっているケース

> 第○条　甲または乙は、相手方が<mark>次のいずれか一つにでも該当したとき</mark>は、本契約を解除することができる。
> 　　1、本契約の条文に違反したとき。
> 　　2、破産手続開始決定の申立があったとき。
> 　　(3以下の事由なし)
> 　　　　└──解除事由が上記二つに限定されてしまう

① この条文(第○条)は、当事者が契約を解除することができる場合を定めた解除条項です。この条文では、解除事由として「本契約の条文に違反したとき」と「破産手続開始決定の申立があったとき」の二つを挙げています。

② それでは、民事再生手続開始決定の申立、会社更生手続開始決定の申立、競売申立、仮差押、仮処分等があった場合はどうでしょうか。あるいは、刑事手続で有罪判決があった場合、社会的信用を著しく失墜させた場合はどうでしょうか。

③ これらはこの条文の解除事由の二つには該当しません。したがって、これらの場合には解除事由がないので、この条文では解除することができないと解釈することも可能です(限定列挙)。

　他方、この条文の二つの解除事由は代表的なケースを挙げただけだから、同じような事由があれば解除することができるという解釈も成り立ちます(例示列

挙)。

④ ところで、この条文の二つの解除事由について、両当事者が、限定列挙または例示列挙のいずれか一方の解釈で一致していれば紛争にはなりません。しかし、例えば、上記ケース研究の甲が、この二つの解除事由の他にも同じくらい重要な事情があれば解除できると考えて(例示列挙)解除したのに対し、乙が、解除できるのはこの二つの解除事由に限られる(限定列挙)と反論した場合には、紛争に発展してしまいます。

> 第○条　甲または乙は、相手方が次のいずれか一つにでも該当したときは、本契約を解除することができる。
> 1、本契約の条文に違反したとき。
> 2、破産手続開始決定の申立があったとき。
> 3、その他、前各号に準ずる事由があったとき
> 　　　　　　　　　── 上記と同じようなことがあれば解除できる

　例えば、解除事由の列挙が例示であることを明らかにしたいと考える場合には、このように、解除事由を列挙した後に、「その他、前各号に準ずる事由があったとき」と規定しておけば、「本契約の条文に違反したとき」、「破産手続開始決定の申立があったとき」の二つの解除事由の他にも同様の重大な事情があったときに解除することができるようになります。例示列挙であることを明確にすることになります。これにより、将来の紛争を防止することができるのです。

解説

1 契約の終了原因

　実務上重要な契約の終了原因には、①期間満了、②法定解除(民法541条〜543条等)、③合意解除、④解除条項に基づく解除、⑤途中解約条項、等があ

ります。

このうち②と④はどちらも「解除」ですが、②はいわゆる債務不履行に基づく解除のことであり、法律上の根拠に基づいて解除することができるので（法定解除）、解除原因を契約書に記載していなくても解除することができます。

他方、④解除条項に基づく解除は、解除事由を契約書に規定していないと、その解除事由に基づいて解除することはできません。

2 解除条項を定める必要性

(1) 解除条項を定めない場合

解除条項を定めるかどうかは契約当事者の自由です。契約当事者が、それぞれの立場で解除条項の要否を判断することになります。

解除条項を定めない場合でも、債務者が債務を履行しない場合には債務不履行となり、法律上、債権者は契約を解除することができます（民法541条等の法定解除）。また、当事者が契約関係を解消することを合意すればいつでも契約は解消します（合意解除）。契約期間が規定されていれば期間満了によって契約は終了します。

したがって、それで特段の不都合が生じないケースでは、解除条項を設ける必要はないかもしれません。

(2) 解除条項と紛争防止

しかし、法定解除もできず、合意解除もできず、期間満了もまだ先の話だという場合に、それでも契約を解消したいという事情が発生することはよくあることです。そういう場合に備えて、一定の事由が生じた場合には当事者は契約を一方的に解除することができる旨の解除条項を契約書に定めておくのが一般的です。そうすることによって、将来の紛争を予防し、紛争を回避することができるのです。

3 | 解除事由の定め方（限定列挙か例示列挙か）

(1) 解除事由の例

　解除条項に挙げられる解除事由としては、手形小切手の不渡処分、銀行取引停止処分、支払停止、支払不能、仮差押、仮処分、差押え、強制執行、競売、租税滞納処分、破産・民事再生・会社更生等の手続の申立や開始決定、解散、合併、事業譲渡等が一般的ですが、これらに限られるわけではありません。

　契約当事者において、契約内容、業界の慣行、当事者間のパワーバランス、相手方の信用状況、従前の取引経過、自社の経営方針、自社の事情等を比較考量して、事案ごとに解除事由を定めることができます。

(2) 限定列挙と例示列挙

　解除事由を記載した場合、そこに列挙されていない事由では解除することができないのか（限定列挙）、それとも、そこに列挙されていない事由でも解除することができるのか（例示列挙）、が問題になることがあります。

　まず、解除というのは契約を解消するという重大な行為なので、条文の文面を外形的に見て、そこに書かれている事由でのみ解除することができるとするのが自然である（限定列挙）という解釈が成り立ちます。

　他方、すべての解除事由を網羅的に記載するのは不可能だから代表的な事由を条文に列挙しただけであり、書かれていない事由でも解除することはできる（例示列挙）という解釈も成り立ちます。

　訴訟になった場合には、解除事由を列挙した条文の書き方、契約内容、契約に至った事情、当事者の合理的意思等の諸事情を考慮してケースバイケースで判断されることになります。

4 | 限定列挙か例示列挙かの解釈の対立の解消

(1) 当事者の解釈の不一致

　列挙された解除事由について、契約当事者全員が、限定列挙または例示列挙のいずれか一方の解釈で一致していれば、紛争にはなりません。

しかし、例えば、上記ケース研究の甲が、二つの解除事由の他にも同じくらい重要な事情があれば解除できると考えて(例示列挙)、契約を解除したのに対し、乙が、解除できるのは二つの解除事由に限られるはずだ(限定列挙)と反論した場合には、解除の有効性を巡って紛争に発展してしまいます。

(2) 限定列挙であることを明確にする方法

解除事由を列挙した解除条項を定める際に、それが限定列挙であることを明確にしたいと考える場合は、例えば、「該当したときに限り」という表現を入れて解除事由は例示ではないことを明らかにすればよいでしょう。こうすることによって、将来の紛争を予防することができます。

> 第〇条　甲または乙は、相手方が次のいずれか一つにでも該当したときに限り、本契約を解除することができる。
> 　　1、本契約の条文に違反したとき。
> 　　2、破産手続開始決定の申立があったとき。
> 　　(3以下の事由なし)

これで、解除事由を限定することができる

(3) 例示列挙であることを明確にする方法

解除事由を列挙した解除条項を定める際に、それが例示列挙であることを明確にしたいと考える場合は、上記ケース研究の「〇」のように、解除事由を列挙した後に、「その他、前各号に準ずる事由があったとき」と規定しておけば、「本契約の条文に違反したとき」、「破産手続開始決定の申立があったとき」の二つの解除事由の他にも同様の重大な事情があったときに解除することができることになります。こうすることによって、将来の紛争を予防することができるのです。

40 契約終了に関する条項

解除条項はシンプルな形になっているか
（抽象的な表現になっていないか、条件や制限がついていないか）

ケース研究 解除条項に抽象的な表現があり、かつ、条件や制限がついているケース

第○条　甲または乙は、相手方に重大な問題が生じたとき又はやむをえない事情があるときは、相手方の承諾を得て、本契約の一部を解除することができる。

具体的にどういうときなのかわからない

＝承諾を得ない限り解除できない　　＝一部しか解除できない

① この条文（第○条）は、当事者が契約を解除することができる場合を定めた解除条項です。一見、何も問題がないように見えますが、このような解除条項を定めてしまうと、いざ解除する段階になって当事者間で紛争が生じる可能性があります。

② まず、この条文は解除事由として「相手方に重大な問題が生じたとき」と「やむをえない事情があるとき」の二つを挙げています。しかし、いずれも抽象的な表現であり、具体的にどういう事情があったときに解除することができるのかがわかりません。これでは、将来の紛争の原因になってしまいます。

③ また、この条文は解除するには「相手方の承諾を得る必要がある」としています。逆にいうと、相手方が承諾しない限り、解除することができないということです。これでは、将来の紛争の原因となってしまいます。

④ さらに、この条文は解除の対象は契約の「一部」に制限されるとしています。この条文だと、いかに重大問題が生じても契約全部を解除することができないの

です。これでは、将来の紛争の原因になってしまいます。

第○条　甲または乙は、相手方が次のいずれか一つにでも該当したときは、本契約を解除することができる。
　　1、本契約の条文に違反したとき。
　　2、破産手続開始決定の申立があったとき。
　　3、その他、前各号に準ずる事由があったとき。

このように、解除条項を定める場合には、解除事由は具体的に表現し、解除は一方的に行うことができるようにして、契約全体を解除することができるようにすべきでしょう。このように、解除条項は、条件や制限のつかないシンプルな形にすることによって、将来の紛争を防止することができるようになるのです。

解説

1　契約の終了原因

実務上重要な契約の終了原因には、①期間満了、②法定解除（民法541条〜543条等）、③合意解除、④解除条項に基づく解除、⑤途中解約条項、等があります。

このうち②と④はどちらも「解除」ですが、②はいわゆる債務不履行に基づく解除のことであり、法律上の根拠に基づいて解除することができるので（法定解除）、解除原因を契約書に記載していなくても解除することができます。

他方、④解除条項に基づく解除は、解除事由を契約書に規定していないと、その解除事由に基づいて解除することはできません。

2　解除条項を定める必要性

(1) 解除条項を定めない場合

　解除条項を定めるかどうかは契約当事者の自由です。契約当事者が、それぞれの立場で解除条項の要否を判断することになります。

　解除条項を定めない場合でも、債務者が債務を履行しない場合には債務不履行となり、法律上、債権者は契約を解除することができます（民法541条等の法定解除）。また、当事者が契約関係を解消することを合意すればいつでも契約は解消します（合意解除）。契約期間が規定されていれば期間満了によって契約は終了します。

　したがって、それで特段の不都合が生じないケースでは、解除条項を設ける必要はないかもしれません。

(2) 解除条項と紛争防止

　しかし、法定解除もできず、合意解除もできず、期間満了もまだ先の話だという場合に、それでも契約を解消したいという事情が発生することはよくあることです。そういう場合に備えて、一定の事由が生じた場合には当事者は契約を一方的に解除することができる旨の解除条項を契約書に定めておくのが一般的です。そうすることによって、将来の紛争を予防し、紛争を回避することができるのです。

3　解除事由が抽象的な場合のリスク

(1) 解除事由は具体的に！

　このようにして、将来の紛争を回避するために、解除条項を定めることにしても、肝心の解除事由を具体的に定めないと、やはり将来の紛争の原因になってしまいます。

　解除条項に挙げられる解除事由としては、手形小切手の不渡処分、銀行取引停止処分、支払停止、支払不能、仮差押、仮処分、差押え、強制執行、競売、租税滞納処分、破産・民事再生・会社更生等の手続の申立や開始決定、解散、合併、事業譲渡等が一般的ですが、これらは具体的な事実として容易に

確認ができるので、解釈が分かれて紛争に発展するおそれは少ないでしょう。

(2) 解除事由が抽象的な場合の危険性

しかし、例えば、上記ケース研究の「×」のように、解除事由が「相手方に重大な問題が生じたとき」、「やむをえない事情があるとき」という抽象的な表現になっていた場合、具体的にどういう事情があったときに解除することができるのか、「重大な」や「やむをえない」というのは誰がどうやって判断するのか、がまったくわかりません。

これでは、例えば、甲が、やむをえないと考えて解除しようとしても、乙が、そうではないと反論して紛争となる可能性があります。

つまり、解除事由を抽象的に書くことは、将来の紛争の原因になってしまうのです。

4 │ 解除に条件がついている場合のリスク

(1) 解除は無条件に！

契約当事者が解除条項を定めるのは、将来、法定解除もできず、合意解除もできず、期間満了もまだ先の話だという局面で、それでも契約を解消したいと考えざるをえない事情が発生した場合に備えてのことです。そうであれば、そのような事態になった以上は、当事者が契約を無条件に解除することができるようにしておく必要があります。

(2) 解除に条件が付いている場合の危険性

ところが、せっかく解除条項を定めたにもかかわらず、解除にいろいろな条件がついていることがあります。もちろん、解除条項は、契約を解消されては困ると考える当事者にとっては邪魔者なので、骨抜きにしようとしてくるでしょう。そのせめぎ合いの結果として、解除に条件がついてしまうことはよくあります。しかし、最初からあまり考えもせずに解除条項に条件をつけているケースも多々あります。

解除条項に条件をつける場合とは、例えば、上記ケース研究の「×」のように解除するには「相手方の承諾を要する」としている場合、解除するには「相手方と協議が必要」としている場合等です。これらの場合、当事者の合意がない限り、契約を解除することができないわけで、つまり、合意解除を定めたことと同じことになってしまい

ます。

　これでは、例えば、甲が解除しようとしても、乙が拒否する限り、永久に解除することができません。甲が、「これは合意解除を定めたものではない」と主張して強引に解除すれば、紛争となる可能性があります。

　つまり、解除に条件をつけることは、将来の紛争の原因になってしまうのです。

5 　解除の対象が制限されている場合のリスク

(1) 解除の対象は全部に!

　契約当事者が解除条項を定めるのは、将来、法定解除もできず、合意解除もできず、期間満了もまだ先の話だという局面で、それでも契約を解消したいと考えざるをえない事情が発生した場合に備えてのことです。そうであれば、そのような事態になった以上は、当事者が契約の全部を解除することができるようにしておく必要があります。

(2) 解除の対象が制限されている場合の危険性

　ところが、せっかく解除条項を定めたにもかかわらず、解除の対象を全部ではなく「一部」と限定しているケースがあります。解除条項は、契約を解消されては困ると考える当事者にとっては排除したい条文なので、できるだけ無力化しようと交渉してくるでしょう。その結果として、解除の対象が「一部」となってしまうことはよくあります。しかし、最初からあまり考えもせずに解除の対象を「一部」としてしまうこともあるようです。

　上記ケース研究の「×」のように、解除の対象を「一部」と限定すると、いかに契約の継続を困難にする事態になっても契約全部を解除することができないのです。

　例えば、甲が、「もはや契約関係の継続は到底無理だ」という事態が生じたときに契約の全部を解除したところ、乙が一部解除しかできないはずだと反論してくると、紛争に発展してしまいます。

　つまり、解除の対象を「一部」に制限してしまうと、将来の紛争の原因になってしまうのです。

6 解除はシンプルな形にすべし！

　以上のとおり、せっかく解除条項を定める以上は、抽象的な表現を用いたり、解除に条件や制限をつけることは、将来の紛争の原因となるので、極力回避してください。解除条項は、シンプルな形で構成することが、将来の紛争の回避に繋がるのです。

実践的アドバイス 15　解除には催告解除と無催告解除がある!

① 債務不履行に基づく解除は3種類ある!

　契約当事者の一方が債務を履行しない場合、相手方当事者は契約を解除することができます。いわゆる「債務不履行に基づく解除」です。
　債務不履行に基づく解除には、①履行遅滞に基づく解除、②履行不能に基づく解除、③不完全履行に基づく解除の3種類があります。

② 履行遅滞に基づく解除をするには催告が必要!

　当事者の一方が債務を履行しない場合(履行遅滞)、相手方が相当の期間を定めてその履行の催告をし、その期間内に履行がないときは、相手方は契約の解除をすることができます(民法541条)。つまり、履行遅滞に基づく解除をするには、まず、相当の期間を定めて履行を催告しなければならないのです。
　催告せずにいきなり解除した場合(無催告解除)、原則としてその解除は無効となります。

③ 履行不能に基づく解除をするには催告は不要!

　履行遅滞の場合に相当期間を定めた催告が解除権発生の要件とされているのとは異なり、履行不能の場合には、相当期間を定めて催告しても無意味なので(そもそも履行が不能である以上、いくら催告しても履行できないことは明らかだからです)、催告をしないで解除することができます(民法543条)。
　なお、改正民法は、従来の考え方を変更し、債務不履行による解除は、債権者を契約の拘束力から解放する制度と解釈し、解除の要件とされてきた「債務者の帰責事由」を不要としました。その上で、改正民法541条が催告解除を、改正民

法542条が無催告解除を規定する形に改められました。

❹ 不完全履行に基づく解除の場合

不完全履行の場合は、追完が可能であれば履行遅滞に準じて催告が必要とされ、追完が不能であれば履行不能に準じて催告は不要と解されています。

❺ 無催告解除特約の注意点

契約書の解除条項に、履行遅滞の場合であっても、催告なしに解除することができる旨を規定することがよくあります。契約自由の原則から、このような催告不要の特約も原則として有効とされています。

しかし、現実問題として、この規定に従って履行遅滞の場合に無催告解除をした場合、相手方が解除に納得していれば問題はありませんが、そうでない場合には、相手方から無催告解除の有効性を争われる危険性が高いでしょう。

そのような紛争を回避するには、実務上、無催告解除特約がある場合でも、相当期間を定めた催告をした上で、解除をしたほうが無難でしょう。

41 損害賠償に関する条項
損害賠償責任の要件が無過失責任になっていないか

ケース研究　損害賠償責任の要件に「責に帰すべき事由」の記載がないケース

第○条　甲または乙は、本契約に基づく<u>債務を履行しなかった場合、それによって生じた相手方の損害を賠償する責任を負う。</u>
　　　　　　　　└── どんな理由があっても、賠償しなくてはならなくなってしまう

① この条文（第○条）は、当事者の一方が債務を履行しないことで相手方に損害が生じた場合には、債務を履行しなかった当事者が損害を被った相手方に対し損害賠償責任を負うと定めています。一見、何の問題もないように見えます。

② しかし、この条文は、要するに、債務の履行がなかったという客観的事実があった以上、いかなる理由があろうとも、すべての場合において損害賠償責任を負え、ということを意味しています。

債務を履行しない理由にはいろいろな事情があります。債務者側に故意過失がある場合、逆に債権者側に故意過失がある場合、天災地変等の不可抗力の場合等です。この条文のままだと、大震災が発生して約束の日時に債務を履行することができなかった場合でも、相手方に生じた損害を賠償しなければならなくなりますが、これはあまりに酷な結論です。

③ また、例えば、甲に何らの落ち度もなく、逆に乙に落ち度があってその結果として甲が債務を履行できなかったときにも、甲は乙に対し損害賠償責任を負わなければなりません。これはあまりに不公平な結論であり、甲にとっては到底納得

がいかないでしょうから、紛争となる可能性があります。

　第○条　甲または乙は、自己の責めに帰すべき事由によって、本契約に基づく債務を履行しなかった場合、それによって生じた相手方の損害を賠償する責任を負う。

　　　　　　　　　　　　不可抗力による場合等は免責される

　このように、当事者が損害賠償責任を負うための要件として「自己の責めに帰すべき事由によって」というフレーズを入れることによって、不可抗力による場合や自己に何らの落ち度もない場合に損害賠償責任を負わされる危険を回避することが可能となり、将来の紛争を予防することにもなります。

解説

1 債務不履行に基づく損害賠償責任

(1) 債務不履行の種類

　いわゆる債務不履行とは、債務者が債務の本旨に従った債務の履行をしないことです。債務不履行には、履行遅滞（履行が可能なのに履行期を徒過した場合。民法412条）、履行不能（債権成立後に履行が不能となった場合。民法415条）、不完全履行（履行はあったが不完全な場合）の三つの種類があります。

(2) 債務不履行に基づく効果としての損害賠償責任

　債務不履行があった場合、その法律上の効果として、損害賠償責任が生じます（民法415条）。これは履行遅滞、履行不能、不完全履行のいずれの場合でも同様です。

(3) 債務不履行の要件（債務者の責めに帰すべき事由）

それでは、債務不履行が成立するにはどのような法律的要件が必要なのでしょうか。債務不履行の三つの種類である、履行遅滞、履行不能、不完全履行のそれぞれに、その不履行の性質の差異に応じた要件があり、三つの種類の債務不履行が統一した同一要件で扱われているわけではありません。

しかし、債務不履行の三つの種類に共通する要件があります。それが「債務者の責めに帰すべき事由」です。略して「帰責事由（きせきじゆう）」ともいいます。この「債務者の責めに帰すべき事由」がない場合には債務不履行に基づく損害賠償責任も生じません。

「債務者の責めに帰すべき事由」とは、債務者の故意、過失または信義則上これと同視すべき事由であると解されています。

2 過失責任の原則と無過失責任

(1) 過失責任の原則

民法は、いわゆる過失責任の原則を採用していると考えられており、その一環として、債務不履行の要件に「債務者の責めに帰すべき事由」が必要であるという立場をとっています。

したがって、民法は、原則として無過失責任は採用していないと考えられています。

(2) 無過失責任条項

債務不履行に基づく損害賠償責任は、民法上は、「債務者の責めに帰すべき事由」という要件を満たさない限り、発生しません。過失責任の原則に基づくものです。

ところが、上記ケース研究の「×」の条文は、この民法の過失責任の原則を排除して、債務者にいわゆる無過失責任を負わせることにしたのです。

(3) 無過失責任のリスク

このように、上記ケース研究の「×」の条文は、無過失責任という立場を取っていますが、そうすると、債務者は、自己に責めに帰すべき事由がなくても、債務の履行ができないと損害賠償責任を負うことになってしまいます。

債務の履行ができない理由が、債権者の責めに帰すべき事由による結果だった場合でも、大震災等の天変地異による結果だった場合でも、債務者は無過失責任として損害賠償責任を負わされてしまいます。

3　「債務者の責めに帰すべき事由」の要件を排除して無過失責任とした損害賠償責任条項

(1) 無過失責任条項の危険性

　もちろん、契約当事者が、無過失責任として損害賠償責任を負うことを納得していれば、紛争にはなりません。

　しかし、通常は、契約締結時において、損害賠償条項が民法の過失責任の原則を排除した無過失責任として規定されているとは気づきません。「債務不履行をしたら、損害賠償責任を負うのは当たり前だろう」という程度の意識で読み飛ばしてしまいます。

　その結果、後日になって、無過失責任を問われた債務者が、「そんな不公平な、バカな話はない」と主張して紛争に発展することが、実はよくあるのです。つまり、無過失責任条項を定めることが将来の紛争の原因となってしまうのです。

(2) 無過失責任条項と紛争予防

　したがって、契約書の原稿に、上記ケース研究の「×」のような条文があった場合には、「債務者の責めに帰すべき事由」の要件を加筆するよう交渉すべきでしょう。

　また、損害賠償責任は高額になることが多いので、契約書を調印する前に、どのような場合に損害賠償責任を負うことになるのかという点について、慎重に検討する必要があります。

　その検討を怠って安易に契約書に調印してしまうと、後日になって損害賠償責任を巡って紛争となってしまいます。将来の紛争を予防するためにも、損害賠償責任条項の事前チェックは重要であり、特に、不可抗力でも損害賠償責任を負わされる書き方になっていないか、つまり、「債務者の責めに帰すべき事由」がきちんと明記されているかどうかという点は、要注意です。

実践的アドバイス 16　「責めに帰すべき事由」の判断者をチェックせよ!

❶ 「責めに帰すべき事由」とは何か?

　債務者の「責めに帰すべき事由」とは、債務不履行による損害賠償を請求するための要件の一つで、債務者の故意過失または信義則上これと同視すべき事由のことです。「帰責事由」とも呼ばれています。債務者に、この「責めに帰すべき事由」がなければ原則として債務不履行による損害賠償を請求できません。

❷ 帰責事由の判断者をチェックせよ!

　契約書の条文上、「責めに帰すべき事由」の判断者が債権者になっている場合があります。例えば、「乙の債務不履行が乙の責めに帰すべき事由に基づくものであると甲が判断したときは、甲は本契約を解除することができる。」というような条文です。一見、乙に「責めに帰すべき事由」があって債務不履行となったのだから、甲が解除できるのは当然のように見えます。

　しかし、この条文の書き方では、例えば、乙に何らの落ち度がなくても、甲が、何の客観的根拠もなしに勝手に「乙に責めに帰すべき事由あり」と判断すると、解除することができてしまいます。乙が、それは理不尽だと抗議しても、条文上、甲が自分勝手に判断してよいことになっているのです。

　乙としては、債務不履行の判断者は誰なのかをチェックし、「責めに帰すべき事由」の判断を甲に委ねるような条文になっている場合は、契約締結前に修正しておくべきなのです。

実践的アドバイス 17 「責めに帰すべき事由」と「故意または重過失」とは異なる!

❶ 「責めに帰すべき事由」とは何か?

　債務者の「責めに帰すべき事由」とは、債務不履行による損害賠償を請求するための要件の一つで、債務者の故意過失または信義則上これと同視すべき事由のことです。「帰責事由(きせきじゆう)」とも呼ばれています。債務者にこの「責めに帰すべき事由」がなければ原則として債務不履行による損害賠償を請求できません。

❷ 故意または重過失

　債務不履行の効果として、損害賠償責任があります。例えば、契約書の中に「乙の債務不履行が乙の故意または重過失に基づくときは、甲は乙に対し損害賠償を請求することができる。」という条文があったらどうでしょうか。一見、乙に故意または重過失があるということは「責めに帰すべき事由」があると考えられるので、問題はないように見えます。

　しかし、上記のとおり「責めに帰すべき事由」とは、債務者の故意過失または信義則上これと同視すべき事由のことです。この過失には、重過失と軽過失が含まれます。そうすると、上記の条文は「故意または重過失」と書いてあるので、乙の債務不履行が乙の「軽過失」に基づくときは、甲は損害賠償を請求することができない、ということを意味しているのです。

　甲にとっては、乙に軽過失がある場合、この条文がなければ、民法に基づいて損害賠償請求ができるのに、この条文があるために損害賠償請求ができなくなってしまうのです。

　甲としては、過失の範囲を限定するような条文は、契約締結前にきちんとチェックして修正しておくべきなのです。

清算に関する条項

42 和解契約書（示談書）において清算条項は規定されているか

ケース研究 和解契約書（示談書）に清算条項が規定されていないケース

和解契約書

　甲と乙は、甲乙間の紛争に関し、次のとおり和解する。
　第〇条　甲は乙に対し、金100万円を支払う。
　（清算条項がない）
　　令和〇年〇月〇日────紛争が蒸し返される可能性がある
　　　　　　甲　　　　　　印
　　　　　　乙　　　　　　印

① この契約書は、甲と乙が、甲乙間の紛争に関して金100万円を支払うことで和解した旨を規定しています。和解契約を締結する場合、甲乙は、これにて一件落着させる、というつもりで合意するのが一般的です。したがって、和解契約書には、和解の直接のきっかけとなった紛争の解決の他にも、甲乙間に現に存在する他の法律関係の解決をも定めて、一切合切を解決しようとするのが通常です。その結果、今後、甲乙間では、すべて一件落着したものとして、何も蒸し返さなければ、上記ケース研究の「×」のままでも、特段問題にはならないでしょう。

② しかし、この契約書には清算条項がありません。そうすると、例えば、和解契約調印後に、乙が甲に対し、金50万円を追加請求するとか、甲との関係で

は別にこういうことがありその分の金60万円は未払いだから請求する等と主張したらどうなるのでしょうか。

　甲が、金100万円を支払って一件落着したと考えていた場合には、甲はこの追加分の請求には応じないでしょう。すると、せっかく和解契約で甲乙間の未解決問題をすべて解決しようとして合意したはずなのに、紛争が蒸し返されてしまいます。つまり、清算条項を定めておかないと、将来の紛争の原因となってしまうのです。

和解契約書

　甲と乙は、甲乙間の紛争に関し、次のとおり和解する。
第○条　甲は乙に対し、和解金として金100万円を支払う。
第△条　甲と乙は、本和解契約書に定めるほか、甲乙間に何らの債権債務のないことを相互に確認する。──これで紛争がすべて解決したことを明示する
　　令和○年○月○日
　　　　　　　　甲　　　　㊞
　　　　　　　　乙　　　　㊞

　この第△条は、いわゆる「清算条項」と呼ばれているものです。この清算条項を規定することによって、当事者間の紛争をすべて解決し、一件落着させることが可能となります。

解説

1　和解契約の概要

(1) 和解契約の意義

　和解契約とは、当事者が互いに譲歩をして、当事者間に存在する争いを止める

ことを目的として合意する契約のことです（民法695条）。いわゆる「示談」も和解契約の一種です。

和解契約が成立するためには、次の成立要件が必要です。
① 争いがあること
② 互いに譲歩すること（互譲）
③ 争いを止める合意があること

(2) 和解の効果

和解契約が成立すると、争いのあった法律関係は確定します。仮に、確定された事項が真実に反していても、契約当事者は和解契約の内容に拘束されるのです（和解の確定効。民法696条）。

(3) 和解と錯誤

和解契約の確定効との関係で、和解に錯誤があった場合に民法95条の適用があるかが問題となります（なお、民法95条の適用があると、和解契約は無効となりますが、改正民法はこれを改め、錯誤の効果を無効ではなく取消事由としました）。この点については、合意した内容自体に錯誤があった場合は、民法95条の適用はなく、和解対象の事項の前提事項に錯誤があった場合には、民法95条の適用があると解されています。

2 清算条項

(1) 清算条項の意味

和解契約書（示談書）を作成する場合、いわゆる「清算条項」と呼ばれる一文を、契約書の各条項の後に独立した条文として入れることが一般的です。例えば、次のような一文です。

> 第△条　甲と乙は、本和解契約書に定めるほか、甲乙間に何らの債権債務のないことを相互に確認する。

つまり、「この和解契約書に書かれていることだけで甲乙間の債権債務関係はすべて清算が終わったのだから、後日になって蒸し返してはならない」という趣旨です。

(2) 清算条項の重要性

清算条項がない場合、後日の紛争が発生するリスクを残したまま和解契約書に調印することになり、将来の紛争発生の危険性が非常に高いものといえるでしょう。

他方、清算条項を規定しておけば、原則として、和解契約締結時における当事者間の債権債務関係はすべて清算が終了しているから、もはや蒸し返すことはできない、ということが明確になり、将来の紛争予防に大きく貢献することになります。

私人同士の和解契約書だけでなく、裁判所で作成する和解調書や調停調書等においても、原則として、各条文の最後に清算条項を記載しています。

3 清算条項の範囲の限定

このように清算条項は、当事者間の法律関係を清算してクリアにする重要な機能があります。

ところで、和解契約といっても、場合によっては、当事者間にはいろいろな法律関係があるので、「とりあえずこの件についてだけ清算したい」ということも多々あります。

そのような場合には、清算条項の適用範囲を限定すればよいでしょう。例えば、「甲乙間において、この件についてだけ清算するが、その他の件については清算しないでおく」という趣旨の清算条項を作成することがよくあります。

具体的には、次のような条項になるでしょう。

> 第△条　甲と乙は、本件に関し、本和解契約書に定めるほか、甲乙間に何らの債権債務のないことを相互に確認する。

このように、「本件に関し」という文言を入れるだけで、清算の範囲が甲乙間の債権債務関係のすべてではなく、本件に関する限りにおいて債権債務のすべてということに限定されるのです。

和解契約書を作成する場合、清算条項を入れること、清算条項の範囲を限定するかどうかを判断すること、を十分注意してください。

> 実践的アドバイス 18

賃借人の債務不履行について無催告解除できる場合がある!

❶ 債務不履行に基づく解除

　契約当事者の一方が債務を履行しない場合(債務不履行)、相手方当事者は契約を解除することができます。
　債務不履行に基づく解除には、①履行遅滞に基づく解除、②履行不能に基づく解除、③不完全履行に基づく解除の3種類があります。履行遅滞に基づく解除をするには、相当期間を定めた催告が必要とされています(民法541条)。

❷ 賃借人の債務不履行に基づく解除

①原則として催告が必要!
　賃貸借契約において、賃借人の債務不履行があった場合(賃料滞納等)、民法541条を修正して適用すると解されています。したがって、賃借人の賃料滞納等の債務不履行があった場合に賃貸人が賃貸借契約を解除するためには、原則として催告が必要です。
　ただし、賃貸借契約というのは、賃貸人と賃借人の間の信頼関係を基礎とするものなので、賃借人の債務不履行があっても信頼関係を破壊しないのであれば解除することはできません。「修正して適用」とは「信頼関係の破壊」を判断基準にするという意味です。

②例外として無催告解除も可能!
　賃借人の債務不履行の義務違反の程度が重大で、賃貸借契約の継続を著しく困難とするほどの背信性があるときは、賃貸人は、催告をせずに解除することができます。信頼関係が破壊されているからです。

❸ 無催告解除特約

　賃貸借契約に、賃料不払の場合に催告せずに解除することができる旨の無催告解除特約を規定することがよくあります。

　この無催告解除特約自体は有効と解されていますが、判例の傾向は、賃貸人と賃借人のバランスを考慮して、催告をしないでも不合理ではないような事情があるときに無催告解除が容認されるという傾向にあるようです。

　例えば、賃料支払が1日遅れただけで無催告解除をするのは不合理とされる可能性が高く、6か月分以上の賃料不払いは無催告解除特約に基づく解除も不合理ではないとされる可能性が高いでしょう。

43 賃貸借に関する条項
賃料不払いを解除事由とする場合に「賃料○回以上滞納」と規定することは妥当か

ケース研究 解除事由に「賃料○回以上滞納」と規定してあるケース

賃貸借契約書

第○条　賃借人乙は、賃料として毎月金10万円を支払う。
第△条　賃貸人甲は、賃借人乙について次の事由があった場合、本件賃貸借を解除することができる。
　1、賃借人乙が賃料の支払を3回以上滞納した場合
　2、（以下略）
　　　　　　　　　　　　　　金額が明確ではない

① この契約書は、賃貸人甲と賃借人乙との間の賃貸借契約書です。第△条の1号は、賃借人乙が賃料の支払を3回以上怠ったら、賃貸人甲は賃貸借契約を解除することができる、と規定しています。一見、特段問題はないように見えます。現実にも、このような書き方をした契約書が巷に溢れています。

② しかし、このような「○回以上滞納」という書き方は、後日の紛争の原因となります。上記ケース研究「×」の第○条によれば、賃料は月額金10万円となっていますが、例えば、賃借人の乙が、先々月は金7万円、先月は金5万円、今月は金3万円を支払った場合、どう考えるべきでしょうか。

③ 賃貸人甲から見れば、月額金10万円を3回続けてきちんと支払わなかったのだから、解除事由の「賃料の支払を3回以上滞納した場合」に該当すると主張するでしょう。しかし、賃借人乙から見れば、各回の支払額が不足しただ

けであり、賃料の支払を3回以上滞納したわけではないと反論するでしょう。その結果、解除事由の解釈を巡って紛争に発展してしまうのです。

賃貸借契約書

第○条　賃借人乙は、賃料として毎月金10万円を支払う。
第△条　賃貸人甲は、賃借人乙について次の事由があった場合、本件賃貸借を解除することができる。
1、賃借人乙が賃料の支払を3回分以上滞納した場合 ── 金額が明確になる
2、（以下略）

このように第△条の1号の解除事由を「3回以上」ではなく「3回分以上」とすることによって、解除原因となる滞納額を明確にすることができ、後日の紛争を回避することができます。

解説

1 賃貸借契約の解除

(1) 賃料支払債務

　賃貸借契約とは、当事者の一方がある物の使用及び収益を相手方にさせることを約し、相手方がこれに対してその賃料を支払うことを約することによって、その効力を生じる契約です（民法601条）。賃貸人の使用収益させる債務と賃借人の賃料支払債務が対価関係に立つことになります。

　このように、賃料支払債務は賃貸借契約の根幹をなす中核的な債務です。

　なお、改正民法は、「借主が契約終了時に目的物を返還することを約すること」を賃貸借契約の成立要件に追加しました（改正民法601条参照）。

(2) 信頼関係破壊の法理

　賃借人の債務不履行があった場合、一見、賃貸人は直ちに賃貸借契約を解除することができそうに思えます(民法541条等)。しかし、賃貸借契約は賃貸人と賃借人の信頼関係を基礎とする継続的な契約関係です。

　そこで、債務不履行という一事をもって直ちに解除が可能とすべきではなく、賃貸借の基礎をなす信頼関係が破壊されたときに初めて解除することができるとされています(信頼関係破壊の法理)。この信頼関係の破壊の有無は、当事者双方の諸事情を総合考慮して判断されることになります。

2　賃料滞納と解除事由

(1) 賃料滞納と信頼関係破壊の法理

　このように、賃料を滞納したからといって直ちに賃貸人が賃貸借契約を解除することができるわけではなく、信頼関係を破壊するほどの賃料滞納があったときに解除することができるのです。例えば、建物賃貸借(借家)の場合でいうと、家賃を1か月滞納しただけでは信頼関係は未だ破壊されていないという方向に針が傾くでしょう。他方、家賃を1年間も滞納した場合にはもはや信頼関係は破壊されたという方向に針が傾くでしょう。

　実務上は、建物賃貸借契約書に解除事由として家賃滞納を記載する場合は、3か月程度の滞納を解除事由として記載することが多いようです。

(2)「3回以上滞納」という書き方

　上記ケース研究「×」の第△条1号は、解除事由として賃料滞納が「3回以上」あれば解除することができると規定しています。特に問題はない書き方に見えます。実際、このような書き方をした契約書が巷に溢れています。

　しかし、このような「○回以上滞納」という書き方は、後日の紛争の原因となってしまいます。

(3) ケース研究の場合

　例えば、上記ケース研究の場合において、賃借人乙が次のA B の支払をした

場合、解除事由にあたるでしょうか。

　Ⓐ先々月は金3万円、先月は金2万円、今月は金1万円を支払った場合
　Ⓑ先々月は金9万円、先月は金9万5000円、今月は金9万8000円を支払った場合

　甲は、ⒶもⒷも、3か月連続して定められた月額賃料金10万円を支払わなかったのだから、解除事由の「3回以上滞納」に該当するというでしょう。他方、乙は、不足はしているものの毎月家賃を支払っているのだから（一部でも弁済したことには変わらない）、「3回以上滞納」ではない、と反論するでしょう。

　なお、ここの議論は、解除原因にあたるか否かの話です。解除原因にあたったとしても、信頼関係が破壊されていなければ解除ができないことは上記のとおりです。

(4)「○回分以上滞納」という書き方

　このように、「3回以上滞納」という書き方では紛争の原因になります。そこで、実務上は、解除事由に該当するか否かが明確になるように滞納金額の合計額を解除事由とする書き方で対応するようにしています。例えば、「○回分以上滞納」とか「滞納額が△円に達したとき」というように解除事由に該当するか否かが明確になるようにするのです。

　上記ケース研究において、「3回以上」に「分」という言葉を入れて「3回分以上」とすれば、滞納金額が合計金30万円に達したときに解除事由に該当することになります。

　解除事由に該当するか否かが不明瞭な書き方だと紛争の原因となるので、くれぐれも注意が必要です。

44 賃貸借に関する条項
建物賃貸借終了による賃借人退去後に賃借人の残置物があった場合に対応する規定はあるか

ケース研究 建物賃貸借終了による賃借人退去後に賃借人の残置物があった場合に対応する規定がないケース

建物賃貸借契約書

　甲と乙は、別紙物件目録記載の建物(以下「本件建物」という。)について次のとおり、甲を賃貸人とし乙を賃借人とする賃貸借契約を締結する。
　　　　　(中略)
第○条　乙は、甲に対し、本件建物を原状回復のうえ、明け渡さなければならない。

（賃借人の残置物があった場合の対応について規定なし）
　　　　　└── 残置物を処分できなくなる

① この契約書の第○条は、賃貸借終了に際し賃借人乙が原状回復義務を負うことを規定しています。これは法律上定められた賃借人の義務なので、原状回復義務を規定すること自体は問題ありません。

② 問題なのは、賃借人が退去した後に賃借人の所有物(残置物)が残っていた場合です。残置物の搬出が未了の場合、そもそも明け渡しが完了したか否かが問題となる可能性があります。また、賃借人がすぐに残置物を取りに来てくれればよいのですが、場合によっては、賃借人が遠方に転居していたり、転居先不明で連絡が取れなくなっていることもあります。その場合、賃貸人としては、勝手に他人の所有物を処分するわけにはいかないので、残置物の対応

に窮することになります。

③ 賃貸人としては、賃借人による明け渡しを早急に完了させて次の賃借人と新たな賃貸借契約を締結したいところですが、勝手に旧賃借人の所有物である残置物を廃棄処分するわけにもいきません。賃貸人が残置物を処分した後に旧賃借人が現れて、自分の高価な品を勝手に廃棄したとして賃貸人に対し損害賠償請求をしたというケースが現実にあります。

このように、残置物の処理について規定しておかないと、紛争が生じるおそれがあります。

賃貸借契約書

甲と乙は、別紙物件目録記載の建物(以下「本件建物」という。)について次のとおり、甲を賃貸人とし乙を賃借人とする賃貸借契約を締結する。
(中略)
第○条　乙は、甲に対し、本件建物を原状回復のうえ、明け渡さなければならない。
　　2　乙が本件建物から退去した後に本件建物内に乙の所有物が残置されていたときは、乙は、当該残置物の所有権を放棄し、甲が当該残置物を処分しても何らの異議を述べない。

賃貸人が処分しても紛争が生じる可能性は低い

このように、賃借人乙が残置物の所有権を放棄する旨を予め規定しておけば、賃貸人が他人の所有物を廃棄処分した場合における損害賠償責任如何という後日の紛争を予防することができます。

解説

1 賃貸借契約終了の際の原状回復義務

(1) 原状回復義務

　賃貸借契約が終了した際、賃借人は原状回復義務を負います(民法616条、597条1項、598条)。賃借人が社会通念上、通常の使用をした場合に生じる劣化、損傷(いわゆる通常損耗)については、賃借人に原状回復義務は課されておらず、賃貸人の負担となります。通常損耗を賃借人に負担させる(原状回復義務を負わせる)ためには、明確に合意しておく必要があります。

　なお、原状回復義務を免除する特約も有効です。

　ちなみに、改正民法は、賃借人の原状回復義務の内容について、改正民法621条を新設し、損傷(通常損耗や経年変化を除く)を原状に復する義務であることを明文化しました。

(2) 原状回復と明け渡し

　建物賃貸借の場合、通常は、残置物を搬出して原状回復をした後に明渡しをすると考えることが多いようです(原状回復未了でも明渡し可能とされるケースもあるので一概には断定できませんが)。

　明渡しに際して行うべき賃借人の原状回復行為の程度は、一般的になすべき程度のものであればよいと考えられています。

2 建物賃貸借終了による賃借人退去後に賃借人の残置物があった場合

(1) 残置物がある場合の賃貸人の対応

　建物賃貸借が終了し賃借人が退去した後に、賃借人の所有物が残っていた場合、どうなるのでしょうか。理論的には、原状回復が未了なのだから、明渡しも未了となるのではないかという疑問が生じます。

　しかし、賃貸人としては、より現実的な問題として、「賃貸人が残置物を廃棄処分できるか」という問題に直面することになります。

　つまり、賃借人がすぐに残置物を取りに来てくれればよいのですが、場合によって

は、賃借人が遠方に転居していてすぐに対応してくれないことや転居先不明で連絡が取れなくなっていることもあります。その場合、賃貸人としては、勝手に他人の所有物を処分するわけにはいかないので、残置物の対応に窮することになるのです。

(2) 賃貸人が取るべき残置物対策の方法

賃貸人としては、賃借人による明渡しを早急に完了させて次の賃借人と新たな賃貸借契約を締結したいところです。しかし、賃貸人が、勝手に旧賃借人の所有物である残置物を廃棄処分するわけにもいきません。

賃貸人が、賃借人の残置物を賃借人の了解を得ないまま廃棄処分した後に旧賃借人が現れて、自分の高価な品を勝手に廃棄したとして賃貸人に対し損害賠償請求をしたというケースも現実にあります。

そこで、上記ケース研究の○のように、

> 乙が本件建物から退去した後に本件建物内に乙の所有物が残置されていたときは、乙は、当該残置物の所有権を放棄し、甲が当該残置物を処分しても何らの異議を述べない。

という趣旨の条文を契約書に規定しておくとよいでしょう。

このような条文を規定しておけば、残置物の処理に関する紛争が生じる可能性はかなり低くなるので、賃貸人にとっては、将来の紛争予防のためにぜひともとるべき対応策ということができるでしょう。

第4章 契約書リーガルチェックの トレーニング

第4章では、これまでに解説したチェックポイント（第1章〜第3章の項目番号1〜44）を使って、サンプル契約書（売買契約書、業務委託契約書）を実際にリーガルチェックするとどうなるのか、を実践してみます。リーガルチェックの実践的な感覚をマスターしてください。

　サンプル契約書（リーガルチェック前）の条文の右上の小数字は、第1章〜第3章の項目番号1〜44に対応しています。適宜、該当項目を参照して確認してください。

1 売買契約書のリーガルチェック

<当事者の設定>
1、株式会社銀座櫻井綜合ダイヤモンドゴールデン企画が土地を株式会社Aに売却する。
2、「株式会社銀櫻」は株式会社銀座櫻井綜合ダイヤモンドゴールデン企画の略称。
3、「A」は株式会社Aの略称。

<リーガルチェック前>

販売委託契約書[11]

　株式会社銀櫻[1]とA[2]は、次のとおり契約する。[12]

第1条　株式会社銀櫻は、Aに対し、東京都中央区銀座にある土地[25,23]を販売するものとすることを合意する。[28]
第2条　Aは、株式会社銀櫻に対し、前条の物件の[18]売買代金として、金10億円を支払う。[34,35,36]
第3条　前条の代金支払の期限は協議して定める。[26]
第4条　登記手続は速やかにする。[16]
第5条　本件の紛争は札幌地方裁判所を第一審合意管轄裁判所とする。
　　　令和　　年　　月　　日[13]

```
            東京都〜
                        株式会社　銀櫻¹          ４．５

            北海道〜
                        A²

                        担当　A山〇〇⁷    A山
```

【対応する第1章〜第3章の項目番号(登場順)】

11　表題(タイトル)と契約内容は合致しているか
 1　当事者が正確に表示されているか(当事者名の簡略化)
 2　当事者が正確に表示されているか(「株式会社」の省略)
12　前文に契約内容の骨子が記載されているか
25　不動産の表示は特定されているか
23　別紙は添付されているか
28　「ものとする」という表現を安易に使用していないか
18　用語は統一して使用されているか
34　金銭の支払方法は明記されているか
35　送金手数料を誰が負担するのか明記されているか
36　金銭支払について支払期限が明記されているか
26　安易に「協議する」と規定していないか
16　主語は明記されているか
13　契約締結の日付欄は空欄になっていないか
 1　当事者が正確に表示されているか(当事者名の簡略化)
 4　当事者の署名捺印はあるか(署名捺印欄の空欄)
 5　当事者の署名捺印はあるか(記名あり捺印なし)
 2　当事者が正確に表示されているか(「株式会社」の省略)
 7　署名捺印した者に権限はあるか(法人の場合)

<リーガルチェック後>

土地売買契約書

　株式会社銀座櫻井綜合ダイヤモンドゴールデン企画(以下「甲」という。)と株式会社A(以下「乙」という。)は、甲の所有する別紙物件目録記載の土地(以下「本件土地」という。)の売買(以下「本件売買」という。)に関し、次のとおり契約する(以下「本契約」という。)。

第1条　甲は、乙に対し、本件土地を売り渡し、乙はこれを買い受ける。

第2条　乙は、甲に対し、本件売買の代金として金10億円を、令和3年9月末日限り、甲の指定する銀行口座に振り込む方法で支払う。振込手数料は乙の負担とする。

第3条　甲は、乙に対し、前条の代金の支払と同時に、本件土地の所有権を移転し、かつ、本件土地を引き渡す。

第4条　甲は、乙に対し、本件土地の所有権移転登記手続に協力する。登記手続費用は乙の負担とする。

第5条　本件に関する紛争は、東京地方裁判所を第一審合意管轄裁判所とする。

　本契約の成立を証するため、本書2通を作成し、甲乙署名捺印の上、甲乙1通ずつ保有する。

　令和3年9月18日

　　　　(甲)東京都〜
　　　　　　株式会社銀座櫻井綜合ダイヤモンドゴールデン企画
　　　　　　　　　　代表取締役　櫻井喜久司　㊞

　　　　(乙)北海道〜
　　　　　　株式会社A
　　　　　　　　　　代表取締役　〇〇〇〇　㊞

```
　　　　　　　　　物　件　目　録
　所　在　　　東京都中央区銀座
　地　番　　　1丁目○番○号
　地　目　　　宅地
　地　積　　　○○平方メートル
```

2 業務委託契約書のリーガルチェック

<当事者の設定>
1、櫻井喜久司(個人)が株式会社Bに業務を委託する。
2、「銀座櫻井社」は櫻井喜久司の屋号。

<リーガルチェック前>

　　　　　　　　　　　業務請負契約書[11]

　銀座櫻井社(以下「甲」という。)[3]と株式会社B (以下「乙」という。)は、甲の業務(以下「本件業務」という。)を乙に委託することに関し、次のとおり契約を締結する(以下「本契約」という。)。

第1条　甲は、乙に対し、甲の取扱業務[18,19]を委託する。
第2条　甲は、乙に対し、乙の行う業務[18,19]の報酬として、<u>金　　　万円</u>[29]を支払う。[34,35,36]
第3条　この業務[18]の期間は、甲乙協議の上、定める。[26,31,32]
第4条　本件の契約[18]の期間満了前といえども、甲と乙は、協議の上、本件契約[18]を解除することができる。[26,27,33]
第5条　本件に関する紛争は、札幌地方裁判所を裁判所とする。
　この契約[22]を証するため、[21]本書2通を作成し、甲乙署名捺印の上、甲乙1通ずつ保有する。

```
　　令和3年9月18日
　　　　　　（甲）東京都〜
　　　　　　　　　　　　　　　銀座櫻井社³　　　　　銀櫻

　　　　　　（乙）北海道〜
　　　　　　　　　　　　　　　株式会社B
　　　　　　　　　　　　　　　代表取締役　　○○○○　　㊞
```

【対応する第1章〜第3章の項目番号（登場順）】

- 11　表題(タイトル)と契約内容は合致しているか
- 3　当事者が正確に表示されているか(屋号の記載)
- 18　用語は統一して使用されているか
- 19　用語の意味は確定しているか
- 29　無意味な空白、空欄はないか
- 34　金銭の支払方法は明記されているか
- 35　送金手数料を誰が負担するのか明記されているか
- 36　金銭支払について支払期限が明記されているか
- 18　用語は統一して使用されているか
- 26　安易に「協議する」と規定していないか
- 31　契約期間は明記されているか
- 32　契約期間の更新条項はあるか
- 18　用語は統一して使用されているか
- 26　安易に「協議する」と規定していないか
- 27　「協議して解除する」は「解除する」と同じか
- 33　契約期間途中の解約条項が規定されているか
- 22　略語は適切に使用されているか
- 21　法律用語は正確に使用されているか
- 3　当事者が正確に表示されているか(屋号の記載)

<リーガルチェック後>

業務委託契約書

　銀座櫻井社こと櫻井喜久司(以下「甲」という。)と株式会社B(以下「乙」という。)は、別紙記載の業務(以下「本件業務」という。)を乙に委託することに関し、次のとおり契約を締結する(以下「本契約」という。)。

第1条　甲は、乙に対し、本件業務を委託し、乙はこれを受託する。
第2条　甲は、乙に対し、本件業務の委託料として、月額金50万円(消費税別)を、毎月25日限り、乙の指定する銀行口座に振り込むことによって支払う。振込手数料は甲の負担とする。
　2　甲は、諸般の事情に鑑み、委託料の額を変更する必要があると判断したときは、乙に対し、1か月前に書面をもって通知することによって、委託料の額を変更することができる。
第3条　本契約の期間は、令和3年9月18日から3年間とし、更新しない。
第4条　甲は、乙に対し、本契約期間満了前に、何らの理由なくいつでも本契約を解約することができる。
第5条　本件に関する紛争は、東京地方裁判所を第一審合意管轄裁判所とする。

　本契約の成立を証するため、本書2通を作成し、甲乙署名捺印の上、甲乙1通ずつ保有する。

　　令和3年9月18日
　　　　　　(甲)東京都〜
　　　　　　　　　　　　銀座櫻井社こと櫻井喜久司　　㊞

　　　　　　(乙)北海道〜
　　　　　　　　　　　　株式会社B
　　　　　　　　　　　　代表取締役　○○○○　　㊞

(別紙)省略

著者紹介

櫻井　喜久司（さくらい　きくじ）

昭和31年生まれ。昭和59年早稲田大学法学部卒業。

平成7年4月最高裁判所司法研修所修了（第47期司法修習生）、平成7年4月弁護士登録（第一東京弁護士会）、銀座櫻井綜合法律事務所代表。

第一東京弁護士会では、副会長（平成26年度）、多摩支部長（平成27年度）、常議員、弁護士推薦委員会委員長、総合法律研究所（遺言信託実務研究部会元部会長、会社法研究部会元副部会長、倒産法部会等）等歴任。その他、関東弁護士会連合会理事、民事調停委員、文部科学省原子力損害賠償紛争審査会特別委員等歴任。

主な取扱い分野として、企業法務（会社顧問、社外役員、総会指導等）、倒産法務、遺産相続法務その他一般民事事件等。

著作に、「トラブルを予防する 契約書の見方・作り方」（清文社）、「役員のための 株主総会対策の鉄則」（清文社）、「税理士が知っておきたい 議事録・契約書の実務」（清文社）（共著）、「遺言信託の実務」（清文社）（編集委員）、「担当部門別 会社役員の法務必携」（清文社）（編集代表）、「非公開会社のための会社法実務ガイドブック」（商事法務）（編集委員）、「新会社法A2Z 非公開会社の実務」（第一法規）（編集委員）、「借地借家紛争解決の手引」（新日本法規）（共著）、「資料・証拠の調査と収集」（第一法規）（編集委員）、「事例から見る税務と法務の接点」（大蔵財務協会）（共著）等がある。

- 銀座櫻井綜合法律事務所
  〒104-0061 東京都中央区銀座1-5-14 銀座コスミオンビル5階
  TEL 03-5579-9606　FAX 03-5579-9607

新版 弁護士が教える
実は危ない契約書　実践的リーガルチェックのすすめ

2020年2月5日　発行

著　者	櫻井　喜久司 ⓒ
発行者	小泉　定裕
発行所	株式会社 清文社

東京都千代田区内神田1-6-6（MIFビル）
〒101-0047　電話 03(6273)7946　FAX 03(3518)0299
大阪市北区天神橋2丁目北2-6（大和南森町ビル）
〒530-0041　電話 06(6135)4050　FAX 06(6135)4059
URL http://www.skattsei.co.jp/

印刷：大村印刷㈱

■著作権法により無断複写複製は禁止されています。落丁本・乱丁本はお取り替えします。
■本書の内容に関するお問い合わせは編集部までFAX（03-3518-8864）でお願いします。
■本書の追録情報等は、当社ホームページ（http://www.skattsei.co.jp/）をご覧ください。

ISBN978-4-433-65229-6